100回失敗、50億失ったバカ社長

杉山春樹
Haruki Sugiyama

WAVE出版

100回失敗、50億失った、バカ社長

はじめに

最初に断っておきますが、本書は私の成功体験を綴ったものではありません。

２０１０年の春に、私は56歳となりました。その人生の中で、世間的に見て「大成功」と評されることも経験しました。しかし、ここで記すのは成功にいたる道のり、私なりの成功法則、といったものではありません。

むしろ逆に、成功の裏に隠された数多くの「失敗」を、その内容を、本書を手に取ってくださったみなさんに紹介したいのです。

「成功の裏に隠された」と書きましたが、結果的に「成功」の糧《かて》になっていると考えることはできますが、冷静に見ればこれはこじつけであって、それぞれの経験は単なる「失敗」にすぎなかった、ということも多々あります。

どこで何をすれば、どういう考え方を持てば「失敗」するのか。しなくてもいい「失敗」

を避けるためには、どのような行動をとればいいのか……。残念ながら私は、それに気づくまでに膨大な時間を要してしまいました。しかし、そういった自分の過去を振り返って、数年前から次のような考えを持つにいたりました。私の経験を一つの道しるべにしてもらえばいいのではないか……と。

特に今、失敗体験が少なく、1回の失敗で自信をなくしてしまう若い人が多いと聞きます。私は、たくさん失敗したということは、たくさん立ち直った証《あかし》でもあると思っています。私の経験を聞いた方々から、「立ち直るための行動・思考法を知りたい」との問い合わせがたくさんありました。そのため、失敗や挫折から立ち直るためのノウハウも最後に公開いたします。

小さな失敗を繰り返しながら成長し、どんな大きな失敗がやって来ようとも挫《くじ》けない強さと、その体験をバネに、もっと大きく伸び上がる技量を身につけてほしいと切に願います。

さて、手始めに、自分の人生に起きた「失敗」「挫折」を、思い出すままに書き連ねてみました。自分でも「失敗」が多い人生だったと自覚しているので、数十個は軽く書き出せるだろうと、気楽に文章を作成してみました。

「失敗の履歴書」を書き始めて数時間。何も考えずにただ、頭に浮かんだ自分の過去を、箇条書きでパソコンに打ち込んでいきました。ひとまず、思い出せるものがなくなったので殴り書きしたものをあらためて読み返すと、その数は150個近くに及び、この結果には、さすがに自分でもビックリしました。

みなさんも一度、自分の「失敗の履歴書」を作成してみてはいかがでしょうか。

人間、とかく嫌な思い出はそそくさと忘れ去り、幸福な時間だけを覚えていようとするものです。自分の過去を、自分で都合よく脚色している場合だってあります。

「失敗」だけではなく、「挫折」体験を書き出すこともおススメします。なぜなら、自分という存在を客観的に見つめ直すことができる絶好の機会にもなるからです。

さて、みなさんは、「失敗」「挫折」をいくつ経験してきたでしょうか？　私の場合、即座に思い起こされたものだけでも数十個ありました。そして、2〜3時間で100個以上が脳裏に蘇《よみがえ》りました。

もちろん、「失敗」の数を競うのではありません。普通に考えれば、私のように半年に一度は「失敗」をしてきた人間など論外でしょう。しかし、私は必死で明るい将来をつくろうとしただけなのです。

私が作成した「失敗の履歴書」の一部を、今から紹介します。読み進む中で、「自分も似たような経験をしている！」と思い当たる項目が、みなさんにも見つかるのではないでしょうか。私としては、状況設定が違うだけで、多くの人と共通の「失敗」をしている気がします。それから、私の犯した「失敗」は数多いけれど、中には意外と普通のドジな「失敗」もたくさん含まれているように思います。それこそ、日常生活や仕事をする上での、ちょっと大きな〝つまずき〟レベルのものも。

「他人の不幸は蜜の味」という言葉があります。他人の失敗は、それがひどければひどいほど、「自分はまだマシだ」という安心感を与えてくれるものといえます。安堵の気持ちがあれば、気分は楽になります。気分が楽になれば自分の人生が明るく思えます。

私の体験を読んで自分のこれまでの人生と比較してみたら、少しは私のことを身近に感じていただけると思います。

話は変わりますが、エジソンは、電球を発明するまで1万回の失敗をしたといいます。

しかし、そのことをエジソンは失敗とはいいませんでした。インタビューで「1万回も失敗したそうですが、苦労しましたね」といわれたとき、エジソンは、「失敗ではない。うまくいかない方法を一万通り発見しただけだ」といったという逸話が残っています。

そういう気持ちで人生を前向きに進むことができれば、失敗も楽しいものになるでしょう。人間は裸で生まれ、お金や家など何も持たず裸で死んでいくのです。たった一度の人生をいろいろ経験することで成長し、楽しくなるものです。

どんな大きな失敗だろうと、命まではとられないものです。たとえ、お金がなくなっても「やる気」があれば、仕事は見つけられるものです。

ましてや何も失敗しないで順調に過ごしている人間は、いざというとき、立ち上がることができません。何度も失敗を繰り返している人間は、立ち上がり方を知っています。失敗を恐れず、前向きに行動し、うまくいかなければやり直すというシンプルな人生を歩んでほしいと思います。

そのために本書が、多くの経営者、夢見る若者の一助となれば、あえて自分の失敗を書き綴った著者としてこれに勝る幸せはないと考えています。

CONTENTS 100回失敗、50億失った、バカ社長

目次

CHAPTER 02

第2章 夢ばかり見ていて、人物を見ていなかった
~売り上げ50億の会社を乗っ取られるまでのストーリー~

CHAPTER 03
第3章 まだまだ続くよ、失敗人生
～100回失敗して初めて見えてきたもの～

CHAPTER 04
第4章 100回転んでも、人生は必ず良い方向へ進む
～どん底から這い上がるチャレンジ術～

【立ち直るための法則20】

巻末付録 どんなときも人生を楽しく生きるための「夢の手帳」の作り方

［ブックデザイン］ book wall
［編集協力］ 菊池企画
［執筆協力］ 烏丸 千
［DTP］ 中央精版印刷

CHAPTER 01

それは、マルチ商法への誘いから始まった

～会社急成長の裏で巻き起こる悲喜こもごも～

第1章

CHAPTER 01

この章では、主に金銭的な痛手を負った私の「失敗」を紹介していきます。「失敗」する前に何を考えどんな行動をとったのか。実例を読んだみなさんには、「対岸の火事」と見るより「他山の石」として活用してほしいと思います。

▼怪しいと思いつつ道を踏み外す

私は東京電力のサラリーマン時代に、ちょっとしたアルバイトに手を出したことがあります。2歳上の先輩女性から、いわゆるマルチ商法を紹介されたのです。マルチ商法は、日本では「ねずみ講」の一種と思っている人が多く、いかがわしい商法の一つとして敬遠されがちですが、本来のマルチ商法（ネットワークビジネス）はそうではありません。欧米では、当たり前のように広く行われています。私も当時、そうした認識を持っていました。それに、親しい間柄ではありませんでしたが、体育会系育ちの私にとって、先輩の声は無視できません。だから誘いに乗ったのです。

出だしは好調で、小さいころから人前で話すのが得意だったため、ほどなく、説明会などで壇上に立つリーダー的な役どころも任されるようになりました。

ところが、よくよくビジネスの内容を吟味していくと、みんなに敬遠される類《たぐい》の〝マルチまがい〟でした。実態が見えてくるにつれて、冷静にその先輩とも距離をとるようになりました。私を誘ったのはおそらく、弁舌の能力を買ってのことだったのでしょう。うまく利用されたわけです。先輩だからといって、何でも「ハイハイ」と答えるのは危険です。親しくない人物が唐突に自分を誘ってきたときは、何か裏がある。そういう教訓を得ました。

▼サラリーマンじゃいられなくなっちゃった

このマルチ商法にかかわったという「失敗」は、私の人生に大きな転機を与えてくれることになります。というのも、多くの企業では副業を持つことに対して、よい感情を抱いていません。社則で禁止している企業も多くあります。そうした状況にあると知っていながら、私は〝冒険〟したのです。どんなにコソコソしていても、同僚や上司は「何かしているな」と気づくものです。面と向かって詰問されたわけではありませんが「バレている」とは感じていました。

この時点でサラリーマンとしての〝出世街道〟は、ほぼ通行止めです。誘いに乗った時点で、そうなることもわかっていたのです。

もし当時の私が、「何が何でもサラリーマンとして定年まで全《まっと》うしたい」と考えていたら、〝授業料〟よりもこちらのほうが大きな「失敗」です。しかし当時、サラリーマンとしての自分の未来像に疑問を抱いていた時期でした。というのは、入社した1973年にオイルショックがあり、79年には第2次オイルショックが起き、当時の発電は石油火力がほとんどという時代ですから、電力マンにとっては、とてつもなく大きな衝撃でした。

それに加えて、会社の中で先輩社員を見渡せば、40歳の自分、50歳の自分、定年間際の自分というものが、ある程度の説得力を持つ具体的なビジョンとして目に飛び込んできました。また同じころ、「会社には学閥がある」という現実を見せつけられるできごともありました。私は、出世コースを歩める学閥の一員ではありませんでした。

これらが重なると、自分の未来に夢が持てなくなります。そんな心の揺れが、道を踏み外す後押しをしていたのかもしれません。

ところが、結果的に、このマルチ商法に手を染めたという「失敗」は「成功」だったと考えています。年齢も20代半ばに差し掛かり、「何かを自分でしてみたい」と脱サラを考えるようになっていたので、今になって思えば、渡りに船だったともいえます。

ドップリはまってしまう前に抜け出したとはいえ、多くの人を不幸にしてしまう可能性があったので、この先輩のことを当時は恨めしく思いました。しかし、前記の理由から、今では感謝の心もあります。

▼えっ、月給3万円？

1979年にサラリーマン生活に別れを告げたとき、退職したにもかかわらず、「これに挑戦するんだ！」という、今後に対する具体的なビジョンがあったわけではありませんでした。

「サラリーマンではない何かを仕事にする」

といった程度の、浅い考えで辞表を出したのです。

業種その他の細かいところは不透明にせよ、もちろん、「将来は一国一城の主になる」

と強く決意しての退社です。退職前に、具体的な人生の将来像を求めて17カ国もの国を巡り歩きましたが、旅の中からは明確な答えを探し出せずにいました。普通の方なら次の道筋をある程度は決めてから動かないと不安だと思いますが、思い立ったら即行動という性格で、そんな悠長なことはできるはずもなかったのです。

進路をロクに決めずに無職になった私は、毎日、海を眺めて「どうしよう?」と悩んでいました。固い決意とは裏腹に、明るい将来像が描けず思い悩む就職浪人暮らしです。前向きに生きるといっても、そんな毎日であれば焦りも生じます。そのうちに、大きな夢は頭の片すみに追いやられ、とにかく働き口を探さなければ、という思いのほうが強くなっていきました。

そんな、決意より焦りのほうが強くなってきたころ、サラリーマン時代の先輩の紹介で、地元の画家兼画廊経営者と出会うことになりました。

その経営者は自分の甥を社長に据えて、水産会社を立ち上げようとしており、「新しい会社に専務として迎え入れるから手伝ってほしい」とお願いされたのです。まだ25歳の私にとっては、ビックリする肩書きの提示です。将来は「事業主」になるという忘れかけていた目標を思い起こされ、

「将来に向けての経営の勉強になるから一石二鳥だ」

と、まるで夢を手にしたように思い、この要請を引き受けることにしました。毎日ボーっと海を眺めて過ごすプー太郎が、翌日からは「専務」ですから、夢が現実に近づいたと勘違いしてもおかしくないと今でも思います。

しかし、そこから「若き専務の地獄の悩む日々」がスタートします。肩書きこそ上等ですが、仕事といえば早朝、沼津漁港に出向いて魚を仕入れ、そのまま神奈川県厚木市にオープンした小売店に卸し、そこで魚を売りさばくという一連の仕事が基本です。それだけでも不慣れな世界なのに、画廊経営者が手がけているスナックで、夜のお仕事が加わりました。

漁港での仕入れ作業は、まだ辺りが暗い時間帯から行われるものですし、深夜までスナックの手伝いもあって、睡眠時間がほとんどありませんでした。

それでも将来に向けての何かのキッカケやヒントが得られると考えていたため、布団に入る時間を惜しんで昼夜、働き続けました。夢へのどん欲さが体を支えていたのです。

しかし、この傷だらけの体に塩を塗られるようなことが起きました。

「会社の利益が生まれなければ、専務である君の給料も生まれない」

と、今考えれば当然といえば当然のことを求められたのです。しかし、社長以下、全員が鮮魚を扱うことはおろか、商売のほとんどが初体験でしたから、仕入れといってもスーパーで買い物をするような感覚で、卸値や売値のつけ方さえ知りませんから、商売とはいえません。商品の良し悪しを見る目もなければ、鮮度を維持する方法といった基本的な知識もゼロです。「サバは腐りやすい」とよくいわれますが、鮮魚を扱う人だけではなく、主婦にとっても常識といえるそんなことすら知らなかったので、ビジネスとはほど遠いものでした。

今でこそ商品を見たら瞬時に出てくる「損益分岐点」なども、当時は、その価格に隠された意味や理由があることも知らなかったのです。

まさしく「武士の商法」で、素人集団がやみくもに鮮魚を漁港から小売店に「移動」させているだけの仕事で、利益が生まれる余地などほとんどありません。「何をどうすればいいか」という組み合わせの考えにいたる前に、「何をすればいいのか」すら理解していない状態でした。これなら大学の文化祭で焼きそばなどの模擬店を出している学生のほうが、よほど経営者としての才覚があるといってもいいでしょう。利益を出して、打ち上げコンパができるのですから。

この転職は、「一国一城の主」に自分がなれるかどうかを見極める試練だ、と考えていました。だから激務も納得したのですが、蓋を開ければ、社長がこの業界では素人ということも知らなかったし、「夜間勤務」があることも知らなかったのですから反省の域を超えていて、今思い出すと笑ってしまいます。

結局、ほとんど収入が得られないまま、半年ほどで辞職します。

このときの収入は月2～3万円でした。経費をろくに請求できず自腹も多かったので、実質は赤字でした。当時は大卒初任給が約11万円だった時代ですから、低く見積もっても10万円前後の収入を見込んだってバチはあたりません。だって「専務」なのですから。

給与明細を初めて見たとき、驚きにふるえました。サラリーマン時代の、わずか10分の1です。これでは、生活もままなりません。夢への前進といってもタダ働きをするにも限界があります。後々思いましたが、スナック勤務分だけでも、この額を上回っていたはずなのです。こんな感じで、完全歩合制の専務時代が幕を閉じました。

▼給料は上がるはず……ではないのです

1981年に、伊豆の名門温泉旅館が京料理店をオープンさせました。オープンに先駆けて、この旅館の名物女将から私のもとへ、

「京料理店を新しく開くから、責任者として来てくれないか」

という、驚くような誘いの声がかかったのです。今にして思えば、これが飲食業との本格的な出合いです。なぜ、私に白羽の矢が立ったのか。これまた単純な話で、

「あなたの高校時代にたまたま見かけて、接客業に向いていると思ったから」

というものでした。私のどこがどういうふうに接客業向けなのかは理解できませんでしたが、こういう声がかかること自体、うれしいものです。数回に及ぶ熱心な勧誘と、先行き不透明な脱サラ後の生活が続いていたこともあり、最後に折れてオープンスタッフの一員でありながら支配人という大役を仰《おお》せつかったのです。

入社して2ヵ月、月給は5万円でした。当時の給与水準から比べてもはるかに低いものです。第一、支配人が5万円だなんて、読者のみなさんも提示されれば驚くでしょう。なぜ5万円だったかといえば、オープン前で売り上げがゼロだからというのが理由でした。

それにしても……という思いは当時もありました。それでも、いざオープンすれば実績に応じた上乗せがあるはずだと思い込んでいましたし、開店までの我慢ということで納得しました。

そして、いよいよオープンとなり、月給は20万円に上がり、一応、同年代のサラリーマン程度の収入は確保できることになりました。3万円専務だった時代の悪夢再来とはならず、これはこれでひと安心です。

ところが、本業ではてんてこ舞いする毎日が続きました。何より私は、支配人とはいえ飲食業についてはまったくの素人で、料理についての知識など持っているはずもなく、無知と役職とのギャップから、旅館から派遣されていた厨房スタッフとのケンカが絶えませんでした。

中でも私を苛立《いらだ》たせたのは、予約を入れずにやって来たフリーのお客様に対する、接客係の雑な対応です。忙しくなると1～2時間は放置することがザラで、そのたびに私は支配人としてお客様に頭を下げ、料理が出るまでの時間を短縮する工夫をしない調理スタッフに不満をぶちまけていたのです。今思えば、オープン直後でもあり、観光地ということでシーズンに客が集中する中、スタッフは慣れない状況で頑張ってくれていたのだと思います。

それでも、3年後には年商1億円にするという目標に向かってガムシャラに働きました。実は、先ほど紹介したスタッフとの衝突以外のことを、ほとんど覚えていません。何をどのようにしていたのか、明確には思い出せないほど、あくせくと立ち回っていたのです。

その甲斐あってか、オープンから1年目にして、年商は1億1000万円を記録しました。1年も経つと、だいぶ飲食業というものが肌でわかるようになり、気持ちにも余裕が持てるようになっていました。

しかし、家庭はボロボロでした。当時は借家住まいだったのですが、給料に含まれる通勤費は3万円以上もかかる遠方だった上に、仕事第一で働き詰めの生活でしたから、妻から不満が飛び出し、ケンカが絶えないようになりました。

これではいけないと、2年目には店の近くに1600万円の家を購入しました。給料が上がるはずだと思い込んでいたことに加えて、3年で達成する予定だった売り上げ目標を1年でクリアしてしまったという実績にも自信があったので、何も考えずに購入を決めました。

ところが、売り上げ目標をあっという間にクリアしたところで、プロ野球選手のように一気に収入が増えることはありませんでした。私の給料は予想に反して20万円のままでした。これは実績に対する評価としてどうかと、いまだに納得のいかない部分もあります。昇給しないという状況に家のローンが重なり、妻は快く思わなかったようです。

ただ、そんな中でも一つ、人生を大きく左右する心の動きはありました。

「飲食業って、面白い！」という気持ちが生まれたことです。これで、将来の夢は、「飲食業の世界で一国一城の主になる」というかたちに進化したのです。

▼年商2億円の支配人の評価とは？

「飲食業で一国一城の主に！」という、今までより目標を絞ることができた私は、自分に経営者としての才覚があるのかどうかを、今いる職場で試してみようと考えました。定休日も何も関係なく、自分が「これは」と思ったアイデアは、思い立ったらすぐに実現のために動きました。手当たりしだいと表現していいようなものです。

私を引き入れた女将は、人事以外のすべてのことについて一任してくれていました。経営方針について指示を出されることはなく、接客にはじまり新メニューの開発、新事業の立ち上げ、売り上げ分析、企画広報など、経営者として必要になると思われる業務をこなすと同時に、自由な発想で経営できたのです。その結果が1年目での大台クリアです。

その後は定休日を利用して、東京をはじめさまざまな土地を視察することも、営業を兼ねながら続けました。将来、必ずやってくる独立のときに備えるためです。

そんなことをしながら、この京料理店では6年間、働きました。最終的に年商を2億円にまで押し上げることができたことは、経営者として自立しようという夢を持つ私にとって、何より自信を植えつけてくれるものでした。

とはいっても、この時点でも月給は27万円どまりでした。女将が、口にしていたほど私のことを評価していたのか疑問に思ったこともありますが、今になって振り返れば、経営者になるための素養を身につけることができたのですから、その授業料を差し引かれたのだと考えれば、まったく恨む気にはなりません。

6年間働いて自信を深めた私は、いよいよ次のステージに足を踏み入れる決意を固めました。

「退職して自分の店を持とう！」

このころになると、自分がどのようなかたちで起業するのかというビジョンが、かなり明瞭になっていました。年商1億円規模の大きな店ではなく、小資本で開業できて運転資金が潤沢である必要のない小型店舗で、社員は私1人。行き着いた理想のかたちはこれでした。となると、ラーメン店や焼き鳥屋あたりが妥当だろうかと考えました。

海を眺めてボーっとしていた時期と比べれば、夢の具体性は雲泥の差です。支配人という立場だったので、実際に厨房で包丁を握るという経験はできませんでしたが、現場を用いた実験はとことんまでしてきたので、飲食業で成功できるはずだという手応えは、十分に持っていました。

私は6月15日付をもって正式に京料理店を退職しました。そして、私の夢を体現した「串特急」1号店をオープンさせたのが6月29日。辞職からオープンまでの期間は、わずか2週間でした。とにかく善は急げで、オープンにこぎ着けたのです。

そんな状態でしたから、必要な備品や什器の買い出しから、アルバイトの手配、焼き鳥店での見習い修業までを、この2週間で集中的に行いました。もちろん、私以外のスタッフなどいるはずもなく、すべてを1人でこなしました。

なぜ、独立を急いだのかというと、明白な理由があります。

第一に早期収入確保、それから私の身内には、若くして亡くなる人が多く、それも33歳というときに集中していました。それを見続けていたから、いつの間にか強迫観念のように、「自分も短命だ。33歳ごろに死ぬんだ」という思いが根づいていたのです。

25歳でサラリーマン生活にピリオドを打ち、このときすでに、その33歳になっていました。残りわずかな命だからこそ、大きな夢を実現させてから死にたい。そんなことを考えていたのです。ところが、私は33歳を過ぎてもピンピンしていました。自分で自分を縛っていた「33歳寿命説」は、杞憂だったのです。

そんなことがあってから、

「人間、死ぬ死ぬと思っても、意外としぶとく生きるものだな」

というふうに考え方を改めました。

▼パパママ・ストアの盲点

京料理店での〝修業期間〟も終わり、自分の店をはじめて構えたとき、当たり前ですが、安心してあれこれとお願いできる従業員などいませんでした。

脱サラして、コンビニエンス・ストアのオーナーになったりする人のほとんどがそうだと思いますが、当面は自分の妻や父母兄弟などの身内を頼ってしのぐことになります。

私の場合もまったく同じで、当時の妻の身内を頼ることにしました。

その方には調理場のパートとして働いてもらうことにしました。身内だから、ある程度は気を楽にして、調理場を任せられると思っていました。

ところが、これがとんでもない勘違いだったのです。

身内の気安さからか、理由もなく突然休みをとってしまったり、指示通りに作業してくれなかったり、とにかくわがままに振る舞ったのです。

他人同士の雇用者と被雇用者という関係だったら、こんなことはしないはずです。会社で自由気ままに働いていたら、上司に目をつけられて部署の異動を命じられるか、最悪の場合は肩を叩かれることが普通です。

まさかこんな勝手なことをされるとは、身内に働いてもらうようになるまで、想像もしていませんでした。私の起業を大いに支えてくれる存在として、期待を寄せていたのです。

今までの付き合いの中で見てきたその方ではありませんでした。

つまり、身内に頼む気安さというのは、諸刃《もろは》の剣《つるぎ》なのです。もちろん、素直に真面目に手伝ってくれるケースもあるでしょうけれど、逆の可能性だって普通に転がっているのです。まったく当てにできないことを悟った私は、丁重にパートを断ることにしました。自分でできることは全部自分でまかなう、そう決めたのです。そして一方で、足繁く店に通ってくれるお客様の中から、バイトしてくれそうな人を探すようになっていきました。面接する手間が省けますし、面接以上に人となりをチェックしてから声をかけられるので、都合がいい方法だと考えたのです。

この手法はその後、経営戦術の大きな柱となり、店の常連客から店長に、という人を、数多く出しました。とはいえ、今回と同様、蓋を開けてみたら私の人物観察が間違っていた、という苦い思いも何度か味わうはめになるのですが、悪いことばかりではありません。そうやって声をかけた中には、今も交友が続いている人物もいるのですから。

▼共同経営者になったら月収の10倍がパー

脱サラから2年目。88年に、店の常連客であり友人でもある人物と有限会社を立ち上げました。コンパニオン派遣を主業務にした会社です。

以前に働いていた、名門温泉旅館が経営する京料理店で得たコネもあり、いくつかの旅館からコンパニオンを派遣してもらえないかとの相談があったのです。

時はまだバブル時代。お座敷での接待には大きな需要がありました。場所も伊豆という、昔から温泉リゾートとして賑わっている絶好の立地です。自分が立身する具体的な業態や経営者像も模索している最中でしたから、このビジネスは「当たる」と踏んで未開の地に足を踏み入れたのは、自然な流れでした。

しかし、これもまた、計算違いというか、獲らぬタヌキの皮算用だったというか……。

コンパニオンが必要なお座敷の需要は知っていましたが、旅館で働きながらそれを傍《はた》から見ていただけです。コンパニオンがかかわる部門を、直接担当した経験はありませんでしたから、その実態についての知識は、驚きの素人レベルです。さらに、知人も似たようなものでしたから手に負えません。

しかも、当時は永遠に続くと思われていたバブル景気が、ほどなくパチンと大きな音を立てて弾け散ってしまったときです。

景気が傾くと、どこの企業も真っ先に経費を削減しようとします。そのとき、槍玉に挙げられる一番手は、やはり接待費でした。コンパニオン付きのお座敷など、真っ先にメスが入れられるのは火を見るよりも明らかです。コンパニオンの需要がなくなれば当然ですが、そのコンパニオンを〝主力商品〟に据えた会社は大打撃です。

コンパニオン派遣一本の会社でしたし、こうなることを想像もしていなかったので、ほかに打開策があるかなどと、考える余裕すらありませんでした。

当時の私はすでに、飲食店経営者としての第一歩を踏み出していました。つまり全力を注いだ事業ではなかったのです。ほとんど知らない業界に、片手間でかかわるとなれば、失敗する可能性は大きいに決まっていますが、商売に勢いは必要だと思っていましたから仕方ありません。ただ、自動車でいえば脇見運転です。失敗という〝事故〟を招いたのも自然な流れだったのです。「二兎を追う者は一兎をも得ず」ということわざが本当だということを、体験で知りました。

最終的に、この業態のまま会社を維持することなど無理だと判断しました。そして会社の経営権をすべて、共同経営者の知人に渡して私は撤退することにしたのです。

設立当初、300万円を出資していましたが、これを事業で回収する前に、バブルは弾けました。結局、この副業からの収入はゼロで、それどころか事業赤字の補填に200万円くらいかかりました。

つまり、求められて事業を起こしたにもかかわらず、500万円をあっけなく失ってしまった、ということになります。

「一国一城の主」になるために、あれもこれもと、手当たりしだいに自分が手がけられそうなことには首を突っ込んでいたのが当時の私です。「経営の多角化」などという大それたことを考えていたわけでもなく、ほとんど計算らしい計算がない行動です。「多角化」には基になる業態と新しく起こそうとする業態の間に、何らかの関連性がなければ成立しません。そういうことも当時はわかりませんでした。

思い立ったら即行動するという意味では、いかにも私らしいのですが、成算がないまま突っ走っても、成功する確率は低いものです。そういうことを知ることができたので、今ではいい経験をしたと思えますが、それにしても授業料が５００万円とは高くつきました。

▼売り上げや運転資金をゴッソリ置き引きされて

ようやく自分の店を1店舗だけ構えていた87年ごろのことです。通勤途中に立ち寄った食堂でランチを食べていました。

満腹になってやる気も充電でき、会計を済ませようと思って横に置いていたバッグに手をのばしました。

すると、あるはずのバッグが消えていたのです。置き引きに遭ったのです。

そのバッグには、当時の私にとってすべてといっていいほどのものが入っていました。月末に支払わなければならない現金50万円、仕事をするときには外していた結婚指輪、妻からプレゼントされた20万円相当の腕時計、それだけではなく、店の通帳もキャッシュカードも詰め込まれていました。

つまり、店を経営するための土台を、わずか数分で根こそぎ失ってしまったのです。自宅のローンを抱えていましたので、それらを補填するような資金があるはずもなく、まるで自分の腕が切り落とされたかのようなピンチに陥ったのです。

このときは、サラリーマン時代につくってあったカードでローンを組み、支払いに回して事なきを得ましたが、一歩間違えば廃業という事態でした。

また、このときに初めて知ったのですが、小さな店を1軒だけ営業している、当時の私のような個人事業主だと、カードをつくるにしても審査がとても厳しく、もし仮にこの時点でカードをつくって用立てようとしたなら、おそらくピンチを切り抜けられませんでした。

今は当時以上に新規借り入れが難しいご時世ですから、カードをつくるというのは、一層容易ではないかもしれません。

カードをつくることに限ったことではありませんが、サラリーマンという立場のときには当たり前にできたことが、独立した途端に不可能になるということは、珍しくありません。できることをできるときにやって済ませておくことは、後々何かのときに助けになるのだと思い知らされました。

▼〝飼い犬〟に噛まれてマイナス380万円

90年11月のことです。懇意にしていたカラオケスナックで働く従業員が、私の会社に入社したいと申し出てきました。

この会社は、独立開業を志す人を支援することを目的に、資本金300万円でその月に設立したばかりのものでした。それまで経営していた飲食店の年商が1億円近くになったので、自分の理想をより実現しやすいようにと思い立ち、社員5人、アルバイト15人という陣容を整えて設立したものです。その名も「有限会社ヒューマンクリエイト」。名は体を表していると思いませんか？　この会社を拠点に、私の経営方針などを導入した店を「のれんわけ」として増やしていくことを目指しました。会社の中心的なブランドである「串特急」の看板を増やそうとしたのです。

私のいう「のれんわけ」とは、簡単にいえば店を持ちたい人に黒字に転換した店を提供する、というスタイルです。新会社の設立以前からしていたことですが、経営が軌道に乗るまでの2～3ヵ月間は私自身が手伝い、黒字となった時点で店長に任せ、投資額を回収した段階で店長に経営すべてを渡すというものです。1人でこなすのは限界がありますから、もっと効率的にできないかと考えて専門の会社を立ち上げたということです。

そのため、初期の設備投資やテナント・リース代金などは、私個人が引き受けていました。一般的なフランチャイズ・チェーンでは、店舗内装工事費などの初期投資は自己負担です。この手法は、新規参画する経営者にとっては魅力的な優遇内容だと、今でも自負しています。

先ほどの入社希望の青年とは以前から面識があり、いつか独立したいと常にいっていた男性でした。そのため近く新規出店する4号店の店長として、その人物を抜擢することに決めていました。その4号店というのも、3号店オープンから2週間後のオープンという性急な計画だったため、店長候補がノドから手が出るくらい欲しいと思っていた矢先でしたので、まさに渡りに船でした。

採用にあたって、彼が働いていたスナック側にも筋を通して段取りをつけました。ここで1つ、問題が起こります。この人物は、スナックのオーナーに借金をしていたのです。その額50万円。

本人に意欲があることはわかっていましたし、これからは私の会社で働くのですから、その収入の中から地道に返してもらえればいい、という軽い気持ちで、本人に50万円を貸し付けてその借金を返済させました。それだけ彼を高く評価していたのです。

ところが、この店は、わずか1ヵ月半で閉店の憂き目に遭います。件《くだん》の店長が、1週間分の売り上げ金30万円とともに、姿を消してしまったからです。

まだ会社としての体制が磐石とはいえない時期だったこともあり、2店舗同時出店で目の回るような忙しさに加え、すべて1人で切り盛りしなければ立ち行かないという状況でした。なぜそうなったかといえば、当時の私は、組織固めよりも出店数を増やすことに力を注ぎ始めた時期だったからです。この経営体制が、裏目に出たといえます。

簡単に人を信用して、簡単にお金を貸して、簡単に店1軒があっけなく潰れてしまったのです。2ヵ月ほどで損害額80万円。さらに設備投資や家賃などで支払ったものが300万円。当時の私は社長という肩書きを持ってはいましたが、給料は月30万円でしたから、あっという間に、1年分の収入に近いお金をドブに棄ててしまったことになります。

年収分のお金を捨てることになったそのキッカケ、つまりその青年の何を見て信用したのか、ということですが、これがまた単純です。青年は私が通うスナックの店員であったと同時に、私の店の常連客でもありました。だから、彼と話をする機会は数多くありましたし、会話を重ねる中で、「いいヤツだ」「信用できる」と思うようになっていったのです。驚かれるかもしれませんが、よくよく彼について調べたわけではないのです。

ところが、店員と客の関係でいくら会話をしても、人物の中身を知ることなど、できるはずもありません。愛想がよかったとしても、それは店員としての姿勢だけだったのかもしれないし、話を合わせていただけかもしれないのです。

そんなことも考えず、会話を何度かして意気投合すれば、いともたやすく信用してしまうクセがあります。この感覚で人を判断するという失敗は何度重ねても、なかなか直りません。次から次へと「簡単に人を信用しすぎる」という失敗をしてしまうのは、その都度「今度こそは大丈夫」と考えたり、ちょっとでも前回と違う人物像が見えれば「今度は安心」

と思うからです。

今では自分なりの「人物評価基準」があって、必ずしも当時のように「まず第一に信用する」ことが出発点ではありません。この「基準」は、何度も何度も失敗して、やっとつくり出すことができたものです。普通の人の数倍のスピードで駆け抜けてきた分、数倍失敗して手にした1つです。

▼宅配フランチャイズ事業の「頓挫《とんざ》」で500万円が消えた

コンパニオン派遣会社や、自身で展開した直営店舗での「失敗」をいくつも経験したため、本業以外への〝保険〟をかけることを考えるようになりました。つまり、社長自らが副業に手を出そう、と考えたのです。

91年に目をつけたのは、「釜飯」の宅配を請け負うフランチャイズ・チェーンでした。店舗をオープンさせた後は、スタッフに実務を任せれば、自分がつきっ切りで店にいる必要はありません。これまで通り、自分の会社で出店したところにも目を配っていけるし、FC本部の指導があるため時間の自由もあるなど利点が多いと判断し、加盟したのです。

ところが、オープンから半年で、思いもよらない事態に直面します。フランチャイズ・チェーンの本部が、倒産してしまったのです。こうなったら、自分にできることなんてあるわけがありません。

加盟を決めるとき、業態などを調べただけで、本部については、ゼロといっていいほど調べていませんでした。褌《ふんどし》だと思っていたらトランクスだったというほどの大失態でした。

例えばみなさんが就職活動をしていたとき、あるいはしようとする場合、会社の社風や業務内容、社史などをいろいろと調べますよね。それが当たり前です。この当然の事前チェックを怠ったのは、「人を信用しすぎる」失敗や、「脇見運転型」失敗とも通じる部分がある経験でした。つまり会社の名前や業態ばかりに注意が向いて、しかも「本業以外にもう一丁」という欲も手伝った「よそ見」です。

結局、加盟金や設備投資などに費やした500万円は、まったく回収することができませんでした。当時の私の給料17ヵ月分が見事に吹っ飛んだのです。

本業で不測の事態が起きたときの〝保険〟であったはずなのに、逆に自分の首を絞《し》める結果に終わってしまいました。これでは本末転倒もいいところです。ただやみくもに〝保険〟をかけても効果は期待できないというういい教訓にはなりました。

▼事業崩壊の連鎖でさらに100万円が水の泡

本業への保険として考えた宅配事業での「失敗」は、これだけで終わりませんでした。ほぼ同時期に、別の事業もスタートさせていたのです。

釜飯宅配のフランチャイズに加盟した3ヵ月後、私は、友人が経営する宅配すし会社が開発した商品などを販売しようと、ソフト販売事業を開始しました。独自の判断に基づくものでしたが、勝算はありました。また、副業の業態を拡大しようと考えていた影響もありました。

ところが、あったはずの勝算が、またしてもとんだ計算違いです。販売ルートも顧客も、なかなか現れてはくれません。飲食店を1つオープンさせることとは、根本的に違っていたからです。計算が甘すぎたことを知るのに、時間はかかりませんでした。

それでも軌道に乗せようと必死にあれこれ頭を巡らせましたが、いくら頑張っても光明が差してはくれなかったので、結局は撤退することに決めました。

この事業における先行投資は、テナントを借りたり資材のリースの必要がある店舗オープンほどはかかりませんでしたが、それでも100万円が水の泡と消えました。これだけでも給料3ヵ月分です。

要するに私は、わずか数ヵ月で、当時の自分の給料20ヵ月分の資金を失ったわけです。事業の拡大に夢中になってしまい、周囲を冷静に見渡す目が、備わっていなかったのです。勇猛果敢に前進するのは大切なことですが、何の情報や前提もなく突っ走るのは猪突猛進です。当時の私は「事業主」という肩書（エサ）に貪欲に向かっていく猪でした。こんなことがいえるのも、さまざまな失敗からいろいろな教訓を得たからなのですが、当時、そう考える余裕は今ほどありません。次々と挫折する新事業を横目に、自分には、本業を基本とした飲食業しかないという思いを強くすることしかできませんでした。

▼有名企業出身＝高いスキルの持ち主？

他人をあてにした宅配事業への進出は、ものの見事に2連敗。そこで私は、自分の土俵である飲食業の世界で、自前の宅配店をオープンさせることにしました。

当時は宅配業界が躍進し始めたときで、店舗の立地条件にあまりこだわる必要もなく、設備投資も少なく済むなどの利点から、今後の柱の一つとしようと考えたからです。私は自前の宅配店を一気に3店舗、展開することに決めました。

うち1店舗は、将来の幹部候補生としても期待をしていたアルバイトの青年を店長にすえました。彼は、もともと私の店の常連でした。

しかし、オープンして間もないころ、思いもよらない事態が持ち上がりました。

なんとまた、店長が、売り上げ金や貸付金など100万円を持ち逃げしたのです。

店長という人材と当座の運転資金が、根こそぎ一晩で消えてしまいました。これではお手上げです。怒る気にもなりませんでした。

そもそも、この「失敗」は、店長を任せた人物を、私が見誤ったことに最大の原因があります。私は、この人物の何を見て「適任」だと判断していたと思いますか？

実は、彼は、超有名ハンバーガーチェーンの出身者だったのです。業務マニュアルなどが厳しく、アルバイトなどの従業員教育にも定評がある大企業です。そういう企業に勤めていたのだから、高いスキルを持っているはずだと、私は履歴書だけで大雑把な人物判断をしてしまったのです。以前起きた持ち逃げ事件は「会話をした上での人物判断」の失敗でしたが、ここでの失敗は、「相手の経歴から単純に人物像を結んだ」という失敗でした。

結局、スタート直後の人材によるお金の持ち逃げにより宅配事業からは完全に撤退しました。尖兵が早々に戦線を離脱したのですから、仕方ないことです。

このときには、もう一つの教訓も得られました。宅配事業というのは、自分が想像していた以上に経費がかさむもので、私の目測が完全に的外れだった、ということです。

少なくとも私には、宅配より居酒屋のほうが、効率よく稼げるものだ、という認識が深まったのです。おかげで、これ以降、宅配事業への〝浮気の虫〟は治まりました。

前向きに解釈すれば、あれこれと失敗したからこそ、自分が進むべき道筋を絞ることができたといえます。

▼半年分の利益が一夜ですっ飛ぶ

私が居酒屋の次にオープンした店は、カラオケスナックでした。つくったキッカケは1号店である居酒屋をよく利用してくれた常連客たちの言葉です。

もはや店主とお客様という垣根を超えて、仲間として交友が続いていた常連客たちとは、店が終わってからも別のスナックなどではしご酒をしたりしていたのです。こうした日常生活が、常連客やアルバイトなどを容易に信用しきってしまう下地にもなっているのですが、あるとき、「どうせなら二次会で使える店、つくってよ」と、冗談交じりに提案されました。

感性で走ってしまう私はこの申し出を、そのときは面白い考えだと思ってしまったのです。そして、歩いてすぐ向かえる目と鼻の先に、カラオケスナック形式の新店舗をオープンさせてしまったわけです。

1号店で飲んで食べて、その足で2号店を利用してくれる。経営上も都合のいいものでした。開店を提案してくれた人たちは当然のように、私の店をはしごしてくれたのです。ところが、落とし穴は意外なところにありました。オープンした翌年、私は自慢のベンツでダンプカーに突っ込んでしまったのです。

その日、いつものように朝方まで店で飲んでくれている常連客がいました。遠方のお客様で、閉店後に自宅まで送ることもしばしばありました。この日も、いつもと同じように、お客様を送り届けたのですが、その帰り道、悪夢は襲ってきました。

朝のラッシュ時間に入り、渋滞していたこともあり、あろうことか運転中に居眠りをしてしまったのです。そして「ガシャーン」という大きな音に叩き起こされました。

乗っていたベンツは中古車で、車両価格は新車のそれと比べれば大したものではありませんでしたが、それでも修理には100万円もかかりました。

この修理にかかった100万円というのは、当時の売り上げでいえば5ヵ月分、約1000万円でやっと得られる利益相当の金額だったのです。当時の事業規模と照らし合わせるとショックが大きいものでした。せっかく社長になったのに、たった1度の気の緩みで、半年近い会社の利益が、わずか一晩で飛んでいってしまったのです。

さすがにこのときは、本当にもったいないことをしたと思い、大いに反省しました。それでも、死亡事故にならなかったこと、自分の命にも別状はなかったことだけが救いです。

▼店長不在で1500万円がパー

宅配事業でのつまずきから約2年、順調にのれんわけ店舗を増やしていました。

誰が見ても順風満帆と思われていた当時、私の店にいらっしゃる常連のお客様の中に、

「将来は独立して自分の店を持ちたい」

という夢を持つ調理師がいました。すでに家庭があり、小さなお子さんもいた男性です。

おそらく「子供のためにも頑張る!」と思っていたのでしょう。

その彼に、私は、

「オープン当初から軌道に乗るまではしんどいよ、時間に追われるよ。今までみたいに決まった時間に家に帰れるわけではないよ」

という念押しをしましたが、「やってみせる！」という強い返事をもらったので、その熱意を私は評価し、新たに出店する店舗の店長を任せることにしました。

しかし、あれほどの熱意と決意を見せていたのに、オープンから1ヵ月も経つと、

「帰宅が毎日遅くて、子供との時間がとれなくなり、家庭に問題が発生した」

と、こぼすようになったのです。そうなる可能性が大きいから念押ししたはずなのにと思いましたが、すでに彼を店長として、店は動き始めています。私としては、ひと踏ん張りしてもらうほかありませんでした。

しかし、私の願いも叶わず、彼は3ヵ月で退職してしまいました。店長不在の店、また一丁上がりです。私からすれば事務所から遠いので管理が難しい店舗でした。途方にくれていても始まらないので、直轄しながら後任を探そうと考え直しましたが、次第にその業務が大きな負担となっていきました。店長不在となってから3ヵ月後、残念ながら新しい店長も見つからず、これ以上は無理と判断してこの店を閉めることにしました。

これは「熱意にほだされて信用した」という失敗です。以前の失敗と表面上は同じでも、中身は異なるのです。このように「人を信用したら……」という同じ失敗でも、さまざまなパターンを経験しました。おかげで人を見る目が養われたと思っているので、どれ一つとして無駄な経験とは考えていないのです。だから、「失敗するのもいいこと」だと、本書でみなさんに伝えられると信じています。

私ののれん分けビジネスは、私が初期投資を引き受けていますから、実際の持ち主は私です。それ以前に、将来その店の持ち主になるはずだった店長がいなくなってしまったのですから、自分で自分に対してのれん分け店舗を出していたようなものです。

このときは、トータル1500万円ほどの出費がありました。セルフフランチャイズで家1軒分の損失です。当時の私の会社は、資本金が300万円でしたので、自分の会社5つ分の資本金の損失を、半年で生んでしまったということです。

▼請われて開店したら話が違う！

98年の春。地元の市議会議員から、一つのお願いをされました。

「市立図書館の飲食スペースが空いてしまった。アルコールも置いた居酒屋スタイルでいいから、出店してくれないだろうか」

図書館で居酒屋というこの斬新なアイデアに、私の胸は躍りました。もちろん、実現すれば全国初の試みです。そんな〝勲章〟つきなのですから、モチベーションは自然と上がります。公共施設内での営業ですから、なかばボランティア精神もあり、

「そんなに業績が伸びなくても、それはそれでよし」

と考えた私は二つ返事でＯＫしました。契約期間は5年でした。

そして、全国初の図書館居酒屋は誕生しました。しかし……。

ほどなく、「アルコールの提供は控えてほしい」というクレームが寄せられるようになりました。私としては、

「アルコールなしじゃ、居酒屋とは呼べないじゃん！」

です。アルコールの提供は出店の前提として認められていて、それを踏まえた上でＧＯサインが出されている、と思っていますから、お門違いの文句もいいところです。

しかし、クレームは何度もやって来ました。クレームだらけの中で、営業を続けるわけにはいきません。もともと、採算は度外視していることもあったので、潔くスパゲティを

中心としたレストランに業態を変更しました。

ボランティア精神が根底にあったとはいえ、慈善活動ではありませんから持ち出しなんて考えていません。せめてプラスマイナス・ゼロぐらいになってくれないと困ります。

契約満了までの5年間、レストランを営業しましたが、最初に見込んでいたアルコールによる利益がゼロになったこともあり、経営的には大赤字でした。終わってみれば2500万円ほどのマイナスでした。当時の私は、社長として月給150万円をもらう身でしたから、軽く年収以上の損をしたことになります。

ひと口に「年収がパー」と書きましたが、想像してみてください。けっこうキツい仕打ちです。5年にわたってコツコツと、給料の3割近くを失い続けたということです。さすがに契約延長には応じませんでした。

「全国初」なんていう勲章に踊らされて、石橋を叩くことを忘れた失敗でしたが、勲章もお金を生まないことの勉強にはなりました。

▼買収してみたら経営の数字はウソだらけ!

2000年の2月、「りきしゃまん」という居酒屋チェーンの大型買収を見越して、東京・渋谷に研修店舗を構えることにしました。この「りきしゃまん」は赤字続き（累積赤字23億円）ではあったものの、大手スーパーチェーン・ダイエーの子会社です。当時のダイエーは再建計画を進めていた途上にあり、「りきしゃまん」は不採算事業として整理の対象になっていましたが、それでも日本を代表する大企業の関連企業です。それを一地方の経営者にすぎない私が買収するのですから、スケールが大きい計画でしたし、自分にも酔いました。もちろん、勝算ありです。

さて、その「りきしゃまん」用の渋谷の研修用物件は、すでに飲食店として営業していた店で、顧問弁護士の紹介で知り合ったコンサルタントから、社員も店舗もそのまま買収できると知らされていました。

一からつくる必要がなかったのは大きな魅力で、私はその言葉を信じて購入することにしたのです。もちろん、それまでの経営状況も社員の給与体系も調べ、利益が生まれると判断しての結果です。

ところが、蓋を開けてビックリしました。私が調べていた各種経営データ上の数字が、まるっきりデタラメだったのです。

前オーナーは、ウソの数字を私に提示していたのです。売り上げ金額は大幅に水増しされたもので、高いと思っていた社員の給与も、1人当たり5万円上乗せされたかたちで申告されていました。すべては、売却金額を引き上げるための工作でした。給与については、前オーナーから社員たちに、「水増し申告するから口裏を合わせるように」という指示が出ていたことも後ほど発覚しました。

しかし、これらの事実が明るみになったのは、買収から半年後のことです。なかなか営業成績が上がらないことを不思議には思っていましたが、想像以下の売り上げの中で、吹っ掛けられた人件費を捻出していたのですから、無理もありません。「りきしゃまん」買収のための重要拠点ですから、これまでのように無理だと判断したからといって、即座に閉鎖することなどできません。

最終的に、事前に伝えられていたような実績を挙げることもなく、赤字のまま1年が経過しました。この店舗の買収金額だけで1500万円ほどかかっていましたが、赤字続きなのでまったく回収できませんでした。

あまりにも呆れ返るケースだったので具体的な数字を明確に覚えてはいないのですが、買収金額と同等程度の損失があったように思います。

当時の会社の資本金は、97年の増資で1000万円になっていましたが、少なくともその2～3倍の資金がすっ飛んでしまったことになります。普通の会社なら大ごとです。前向きな私にとっても同じです。頭痛のやまない日々が続きました。とはいっても、頭を抱えるだけでは解決しないので、数日後には気を取り直し前進を始めました。

▼買収＝店舗増＝利益増じゃないの？

2000年7月1日に、「りきしゃまん」14店舗を5億7000万円で一気に買収しました。

ダイエー側の要望もあって1年以内に看板を変更する約束をしていたこともあり、当初の予定では、文字通り看板だけを付け替えて、内装などはそのまま流用して当座をしのごうという計画でした。そうすれば、当面必要な資金を抑えることができて、一気に買収したことによる資金的な心配事が減るからです。そこで「串特急」への看板変更は3ヵ月で済ませました。ここまでは計画通りです。

しかし、計算通りにうまく事が運ばないのは世の常です。いざ買収して店舗を隅々まで点検してみたら、想像以上に老朽化が進んでいて、改装しないわけにはいかない状態にあるところがほとんどだったのです。これには愕然《がくぜん》としました。

トイレなど目立つ部分から優先的に改装を進めていったのですが、まだまだ体力不足だった私の会社ですから、あっという間に資金不足に見舞われました。当時の資本金は1000万円で、しかも買収に関する出費が重なっていましたから、会社の金庫には余裕がなかったのです。

さらに「串特急」と「りきしゃまん」では、コンセプトに大きな差異があり、ブランドイメージという観点からしても、内装や業態の早急な変更は急務でした。つまり、「内装などはそのままに、当座をしのごう」という私の計画そのものが、現実とかけ離れたものだったのです。

また、改装を後回しにしようとしたもう一つの理由は、当時の経営方針が「新規出店重視」だったことです。既存の店舗はそのまま利用して経費を抑え、その分は新規出店という投資にあてる。それが当時の考えでした。実際、翌年末までの1年半で43店舗を新規にオープンさせました。「りきしゃまん」の買収を決めたのも、「串特急」の店舗数を増やすのに手っ取り早いという理由があったからです。手っ取り早く進めるための手段こそが、

「内装はそのまま」だったのです。

ところが、計算通りにはいかず資金繰りに苦労することになりました。結局、本格的に改装に着手できたのは買収から1年後のことです。

順調に改装が進んでいる最中、今度は道路交通法改正の影響を受けるはめに。郊外型店舗の売り上げが著しく低下してしまったため、改装資金が行き詰まるようになっていきました。本当に人生、計算通りにはいかないものです。

▼法改正で想像以上の出費に追われる

「りきしゃまん」買収前後はゴタゴタしたものの、一段落してから約2年は、順調にブランド変更が進み、旧「りきしゃまん」店舗は瞬く間に黒字体質へと変化しました。買収翌年までの2年間で43店舗の「串特急」を出店できることになり、売り上げも買収した年の決算で16億4000万円、前年比145%という驚異的な成長を達成しました。さらに翌年は32億円の売り上げ、2年後は38億円となり、グループ全体の売り上げで見れば、50億円近くにまで急激に伸びていました。

ところが、好事魔多し、とはよくいったもので、急成長に水を差す事態が襲ってきました。それが、02年6月の道路交通法改正です。この改正で強化されたのは、飲酒運転への罰則強化でした。飲酒運転による事故が起きた場合、これまでお咎《とが》めがなかったアルコールを提供する店の側にも、刑法によって責任が生じるようになったのです。

私としては、法改正に反対ではありません。飲酒運転による事故の悲惨さは、たびたび目にするニュースでも知っていましたし、私自身、過去に飲酒運転で痛い目に遭った経験があります。私が、自分の事業にマイナスの作用を及ぼしそうな法改正に賛成だったのは、世論に流されたわけではなく、長い間、日本国内に根ざしていた「1杯くらいなら大丈夫」という認識を変える効果があると思ったからです。

とはいえ、居酒屋を展開する企業の社長としては、覚悟はしていたものの、売り上げの激減に悩みました。特に郊外型の店舗に顕著でした。

それは予想されていたことなので納得できるのですが、私にとって衝撃だったのは、改正法施行当日の6月1日に、「串特急」を利用されたお客様の中から違反者が出たことです。それも1店舗から一気に2人も……。さらに追い討ちをかける事故が、半年後に発生しました。

忘れもしない12月９日。千葉県内の駅前型店舗を利用したお客様が、５人の死者を出す大事故を引き起こしたのです。

そのお客様が、「串特急」を利用したのは忘年会の一次会で、車で帰宅するとは店側は思ってもみなかったし、それははしご酒をして三次会から帰宅する途中の事故でした。「串特急」側が直接大きな責任を追及されることはなかったのですが、警察からは、「どのくらいの量を飲んでいたのか」など取り調べを受けました。

しかも、事故の結果が結果です。事故現場に居合わせていたわけでもないのに、惨状が夢に現れるほどで、ほどなく私は、「店を閉めよう」と考えるにいたりました。

年明けの03年から翌年にかけて、郊外型の41店舗をすべて閉鎖もしくは業態変更しました。中には売り上げが好調な店もあり、経営者の判断として見れば、あまり褒められたものではないかもしれません。しかし、郊外に居酒屋店があるということは、車で来店される確率が高い立地ということです。苦渋の選択でしたが、飲酒運転者を出してしまう可能性が駅前型と比べて高い以上、例外をつくることなく、閉めるか食事中心の店舗への業態変更をしようと決断したのです。

この結果、02年には38億円あった売り上げが、２年後には31億円にまで後退しました。

業態変更に伴う経費もかかりました。店舗の閉鎖も業態変更も考えてはいなかったので、法改正後の見通しが甘かったという「失敗」が生んだ損失といえます。激減した売り上げ7億円は、丸々この「失敗」から発生した損だと考えています。

しかし、人道的な判断をしたという点で、私はこの損失を、損失とはとらえていません。それは、当時も今も変わっていません。

▼弁護士も税務署も信じられなくなった事件

先に「りきしゃまん」買収に関連して、さまざまな出費があった、と書きました。その中でも大きなウエートを占めていたのが、顧問弁護士への買収手数料でした。

購入時、私は手数料として3500万円を弁護士に支払いました。これだけでも資本金の3・5倍になり、気楽に払った金額ではありません。

ところが、私自身は費用の相場を知らず、弁護士がいうままに支払っていたので気にもしていなかったのですが、あとから税務調査が入り、この手数料に「物言い」がついてしまいました。簡単にいうと、「手数料が高いんじゃないの?」という疑惑を持たれたのです。

「営業権譲渡でこんな高い手数料なんて、おかしい。資産計上して償却しなさい」

と告げられ、会社に下った裁定は「追徴課税」でした。

もしボッタクリに遭っていたのなら、私も腹の虫が収まりません。さっそく顧問弁護士に確認すると、

「まったく問題ない金額だ。本来なら5000万円ぐらいでも不自然ではない」

との返答。どちらの言い分が正しいのか、私にはまったくわかりませんでしたが、真っ向から対立する主張を2方面から、それも専門家にいわれてしまって、私は悩んでしまいました。これがキッカケで、それから長い間、税務署や弁護士に対する信頼感が薄れてしまいました。

実は、この弁護士不信が、後の「会社乗っ取られ劇」に大きな影響を及ぼすことになります。早めに手を打てば被害は未然に防げたかもしれないのに、数字のプロを前に独力で切り抜けようとして失敗したのです。

その意味では、法外な手数料を取られたとか、本来なら必要のない税金を取られたということより、「失敗」を呼び込む布石となってしまった側面のほうが、私にとっては重大と思えるできごとでした。

余談ですが、この01年は友人と1800万円の中古クルーザーを購入したり、資本金を7550万円に引き上げるなど、公私共に鼻息が荒い時期でした。そうした時期だったからこそ、高揚する気持ちに歯止めをかけるような事態が、降りかかったのかもしれません。

このときの私のように、何か悪いことに遭遇しても、次のステップのために必要なことだったと考えられれば、少しは気が楽になると思います。

▼3000万円借りて起こした新事業が暗礁に

04年に富山県への進出を計画したことがあります。それは人の輪が次の輪を呼び込む中で、しだいに現実に向けて動きを加速させた案件でした。

当時の私は、新たな物件を探すために某大手ゼネコンの100%子会社と交渉していました。その中で、富山県のある物件が浮上してきました。

6月には現地を視察して、「これならイケる!」と好感触を得たため、翌月には担当者と内容を詰めるための話し合いを重ねていました。また、交渉先との信頼を強めたこともあり、8月には地主を熱海に招き、私が経営する「串特急」も視察してもらいました。この店舗はフランチャイズ店舗でしたが、将来、海外出店を果たしたときにはこういうかたちにしよう、と自ら考えて内装などを整えた自信と自慢の一店でもあったのです。

地主さんも、店をいたく気に入ってくれた様子で、視察してもらった翌日には「串特急」の富山進出案が最終合意し、契約書も交わしました。契約内容は、

「店舗建物と内装備品、厨房に関する経費は大家が負担。串特急は家賃を15年間負担」

というものでした。当面かかる私の会社の出費は、保証金として支払う５００万円と、主に消耗品を中心とした簡単な備品購入費用だけで、双方にお得な、願ってもない契約内容でした。店舗面積50坪で店舗内外装・什器・備品などの消却費入れても家賃が60～70万円くらいというのも、私にとっては魅力的でした。

富山初進出となる店舗と同じ敷地には、14店舗を展開する居酒屋チェーン店がすでにありました。このグループの社長を、進出決定と同時期にゼネコン子会社の担当者から紹介されました。私は、同業者でもあり、相乗効果も見込めるから、この社長との付き合いは今後のプラスになると感じました。

ここまでは順調だったのです。

富山の店舗がオープンする前、私は人気が出る直前だったジンギスカン料理の視察で北

海道を訪れたり、岐阜県にも出店を計画していたりと、さらなる成長のための布石を次々と打っている最中でした。当時は、富山の店舗のような契約条件で新規出店ができる物件が地方で目立っていた時代で、そのお得感に誘われるように、今までと異なるかたちでの出店を推し進めていたのです。そんなときに同業社長との出会いがあり、話は自然と「同じ土地にお互いに出店していこう」という流れになりました。

ところが、私に先んじて出店ペースを上げていた、その居酒屋チェーンの資金繰りが、みるみるうちに悪化してきたことを、ゼネコン子会社の担当者から聞かされました。そして、仲間として資金繰りを手伝ってほしいと依頼されたのです。表面だけ見て内情をよく調べない悪いクセが、ここでも出てしまったのです。本当に懲《こ》りない男です。

このときは、軌道に乗り始めた新事業を予定通り進めていこう、ということしか頭になかったので、視野が狭くなっていたのです。1つのことに夢中になると、周囲が見えなくなるのもまた、私の長所であり短所です。

さて、資金をどのように用立てるのか。その手順は、次のように決まりました。

まず、その資金繰りに困っている居酒屋チェーンが茨城県内に出店している直営2店舗の内装・什器・備品を、ゼネコン子会社が購入し、それをさらに私が買い取る。そしてその店舗を、改めてその居酒屋チェーンの社長にレンタル契約で貸し出すというものです。その居酒屋チェーンにとってみれば、売却で得たお金を当座の資金繰りに組み込めます。私だって助けようという気持ちで動いていますから、市場価格以下の価格で貸し出します。これで資金がショートすることを防ごうというのです。今思えば、いかにもゼネコンが考えそうな巧妙な手口ですが、ここまでは問題ありません。

私にとってはゼネコングループとのパイプが強化されるし、そうなれば今まで以上に出店ペースも加速できるはずというメリットばかりですから承諾しました。仮に社長サイドが最終的に破綻しても、物件を押さえれば済むだろう、という判断もありました。

さらにいうと、タイミングがいいのか悪いのか、当時はハワイの出店に向けた資金調達を考えていた時期で、税金対策にもなると教えられ、私の心は二重に動いたのです。

そこで11月、私個人の名義で、地元の信用金庫から自宅を担保に3000万円を借り受け、ゼネコン子会社に買収資金として振り込みました。先の社長とは、この翌月から毎月44万円を支払うというレンタル契約も交わしました。

ところが、レンタル契約を開始してまもなく、返済が滞りがちになります。06年6月からは完全に支払いがなくなり、連絡を取りたいと思ってもまったく音信不通になるという事態に陥ったのです。

その2ヵ月後には突然、相手側の弁護士から「破産手続きを開始します」という通達が舞い込んできました。レンタルしていた茨城県の店舗はどうなったかというと、8月から知らない間に営業主が代わっていました。家賃を長く滞納していたため、大家が差し押さえたと、店長から説明を受けました。実際に営業権譲渡をしていたようで、その後も譲渡が繰り返されてクルクルと営業主が代わり、私の手が及ばない物件になっていました。こうなると、お手上げです。

年末には当事者である社長が亡くなってしまい、弁護士にも相談しましたが、最終的に取り戻すことを諦めました。結局、このレンタル事業で、私は3000万円のほとんど全額を、丸々個人で背負い込むことになってしまいました。以後これまで、私は毎月30万円の返済をしてきました。何ともやるせない話だとは思いませんか?

第2章

CHAPTER 02

夢ばかり見ていて、人物を見ていなかった

〜売り上げ50億の会社を乗っ取られるまでのストーリー〜

CHAPTER 02

第1章は「お金」に関する私の失敗を並べましたが、この章では、人生最大の「人」と「お金」に関する失敗を紹介します。経営規模が大きくなっても付きまとう失敗の数々。最後には、年商50億円の会社を巧みに乗っ取られるはめになりました。あきれる前に、ここから何かをつかんでいただけるはずです。

▼「この話は内密に」と持ちかけられた小躍りしたくなるような話

05年に、創業会社の社名を「特急」から「フーディアム・インターナショナル」に変更しました。インターナショナルという単語を入れたのは、海外進出をハッキリと視野に入れたためで、直接のキッカケは、社名変更直前に中国の上海を視察で訪れたからです。

同時に株式上場も自分の中で現実味を帯びてきていて、道路交通法改正の影響で、売り上げは最盛期の50億円から30億円弱に減ってはいたものの、「まだまだやれる」という意欲が衰えることはありませんでした。また、社名変更の前年には現在の妻と再婚。プライベートでひとつの区切りがつき、より一層のやる気を掻き立てられていたこともあります。

そんな公私共に熱気を帯びている状況の中で、知人の証券会社社長から、第三者割り当て増資と、その受け入れ先との業務提携のプランが提案されました。それが04年9月のことです。受け入れ先の一社で、結婚式のサポート業務や飲食店の予約代行サービスを手がける東証マザーズ上場会社の社長と会談し、会うにつれて意気投合。その社長から別の社長も紹介され、「みんな、上場を手伝うから」という励ましを受け、私の心は躍りまくっていた、といえます。

そして、05年3月ごろの昼食で、この社長は私にこんな申し出をしてきました。

「杉山さんと提携して会社を上場させたいと考えているんです。本気であることを示すために、1億円をあなたに貸そうと思っています。上場に向けた運転資金として自由に使ってください」

しかし、この提案には条件がありました。彼の会社と取引がある会社の一つに預り金としてストックするから、必要に応じて受け取ってほしい、というものでした。また、もう一つの条件があって、それは、「くれぐれもこの話は内密に。誰にも話さないこと」でした。

いつにもまして慎重な語り口、そして最後には口止めの定型句でした。

ほどなくして、預り金を任される会社の専務を紹介され、それを皮切りに、私の上場にかかわる人物を、次から次へと紹介されました。いってみれば、これは大阪城の内濠を埋められたようなもの。大問題となる外濠はすでに、出会ったころには埋められていたのです。

▼浮ついた心につけ込む甘～い罠にガンガンかかる

見せ金があり、次々と広がる人脈がありで、私は彼の思惑を忖度《そんたく》する余裕も、何がどのように動いているのかを冷静に見極めようとする心も、まったく奪われたようなものでした。彼の仕掛けは素早く、こちらに考える隙を与えてはくれなかったのです。

対応も話しぶりも、いかにも「私のことを心の底から考えている」という雰囲気で、そんな上辺《うわべ》の誠実さに、私はコロっと騙されていたのです。

「上辺の」と書いたのは、ハッキリした理由があるからで、私に上場資金として用意しているといい、思わせぶりに口止めをしていた1億円は、最後の最後まで、私が手を出せない資金でした。おまけに、増資を受けた際には、私の会社のシステム開発料という名目で親会社が私からの預り金としてしまう始末です。

何のことはない、後々回収しようと目論《もくろ》んでいるお金を、あたかも親切心から供与するような素振りを見せて、事前に用意していただけのことです。こんなことをしたのは、おそらく帳簿上の操作に必要だったからでしょう。後々、判明することですが、この会社は底上げした業績をもって上場しているような、企業倫理観に欠ける会社だったのです。

私の心をガッチリつかまえて放さなかったのはもちろん、あれこれ手法を駆使して、私との提携は既定路線として動くように、用意周到に立ち回っていた節さえ感じられます。

一例を挙げます。増資によって株式保有率が下がり、経営権を脅かされるのを嫌って複数の企業に増資を受け入れてもらおうと考えていた私に対し、

「弊社ですべての増資を引き受ける」

と、何度も申し入れてきたのは、この社長だけでした。1社で引き受ければ、簡単に保有率が上げられます。つまり、経営権を握りやすくなります。しかし、1社で引き受けるという意味を次のように説明されていました。

「船頭が多くなると大変。私が応援し、株式上場まで手伝うからうちだけから増資を受け

てください。上場後、創業者の杉山さんには34％の株を保有してもらいますから」

こうして、私の危惧を巧みにかわし、裏では着々と〝乗っ取り〟の罠《わな》をあちこちに仕掛けていたのです。

株式保有者が増えると株式全体について把握するのが難しくなる、という理屈は理解できました。それならば、信用している会社に引き受けてもらうほうが気分的にはかなり楽です。それに、経営権保全のために私の保有率を調整してくれるというのだから、願ったり叶ったりです。

そのように判断してしまった私は、この巧言にまんまと乗ってしまったのです。

これに先立つ2月には、私に無断で約束してもいない取り決めを、新聞で発表されたこともありました。

私の会社が、彼の会社に対して、上場サポート費用（コンサルタント・フィー）として毎月1000万円を支払うというもので、そのような契約を他に10社程度と締結する、というのが報じられた内容です。寝耳に水の与り《あずか》知らない話ですから、私はすぐさま抗議に出かけました。すると彼は、こんなことをいって私を幻惑したのです。

「増資が終われば、うちの子会社になる。そうなったら、この費用は不要になるから」

子会社化されるのは、私が考える増資の目的ではありません。彼はこの時点で、完全に子会社化が可能な段取りをつけ終えていたのでしょう。

しかし、私も気が動転していたのでしょう。こんなことをいわれても、無断で新聞に発表されたことについてしか、頭が働いていなかったのです。私は重ねて質問しました。

「毎月1000万円も払っていったら、すぐに赤字になってしまう」

当時の私の会社は資本金が9950万円で、売り上げは年間31億円規模でした。身に余る重荷だということは、読者のみなさんにも容易に理解できると思います。

このことを訴えると、さらに説得が襲ってきました。

「それは、わざと落とすんです。いったん赤字にして上場時に一気にV字回復させるんです。そうすれば株価も低いところから一気に上がるし、会社としての勢いもつきますよ」

実際にV字回復で株価を飛躍的に高値にしたIT企業の事例を挙げて、私の会社も同じ路線を行こうと、力強くいうのでした。

当時の私は、上場のタイミングとして1年後を狙っていましたし、上場戦略については無知といっていいレベルだったので、そういう経営戦略もあるものなのかと、容易に納得してしまいました。先を見据えた出費で、それが念願の上場による効果を高めてくれるなら先行投資と考えて差し支えないと思ってしまった私は、この破滅に向かう取り決めを、事後承諾のかたちで受け入れてしまったのです。

▼50億円企業が乗っ取られる瞬間

まだ、この時点では相手への信用がゼロにはなっていませんでした。というのも、前期の純利益が8億円もある会社で、金融商品なども駆使した経営戦略には、一日の長があるのだと勝手に解釈してしまっていたからです。

その後、05年5月に、私の創業会社「フーディアム・インターナショナル（旧社名・特急）」は、彼が経営する会社の子会社となることが発表されました。出会いから9ヵ月、表面上は友好的なスピード乗っ取り劇が完結した瞬間です。1ヵ月後には、9950万円だった「特急」株を90％減資し、第三者増資で引き受けてもらった3億5000万円の資金が投入されて「特急」は名実ともに子会社とされたのです。

子会社化された後の株式は、その93％が相手に握られてしまいました。私の持ち株比率は、増資を受ける前は80％だったのに、わずか5・6％にまで落ち込んでいました。その際、私はワラント債や新株予約権なども放棄させられています。これらのことを黙って受けたのは、以前の約束があったからです。

「保有率は34％になる。こんな低い保有率は、上場までの過渡期だけだ」

この段階にいたっても、能天気に相手の言葉を信じきっていたのです。

増資も受けたことだし、あとは来年の上場に向けて突っ走るだけ……。未来の希望を見てひたすら走ることに邁進しようと決意を新たにした私は、それ以上、疑問を抱くような状況にはありませんでした。

しかし、直後に公表された決算を見て、「しまった！」と思ったのです。

決算で示されたのは9億円の赤字。前期は黒字8億円だったのに……。2月に8億円という数字を目にしたとき、もっと経営状態を調べるべきだったと思いましたが、後の祭りです。契約直前まで景気のいい数字を見せつけ、それを利用して本当に黒字を出している私の会社を奪う。それも決算報告で実態が明るみになる直前というタイミングの素晴らしさでした。

ここにいたって、すべてを理解しました。騙されていたのです。

私に明るい希望を見せ続けた、彼が語る上場までの計画も幻でした。自分の会社の赤字を補填するため、私の会社を合法的に乗っ取るため、すべては周到に準備されたエサでしかなかったのです。毎月のコンサルタント・フィーも、子会社になったらなくなるはずだったのに、実際にはその後も発生していました。400万円に値下がりしたといっても、何の慰めにもなりません。

第三者増資が終了する直前には、代表印と銀行印を預けるという事態も発生しました。

「すべての子会社はそうしている」

説明はこれだけでした。のみならず、子会社化されてからの1年は、悪夢のような、としかいいようがない日々でした。

新たな親会社から見せつけられるのは、自転車操業といっていい苦しい資金繰りと、無理な金策の辻褄を合わせるための帳尻合わせというひどい経営実態。そんな不明朗な会計は経験したこともなければ、自らしようと考えたこともないもので、本当にウンザリしました。さらに驚いたのは、10社近くグループ企業がある中で黒字経営をしていたのは新参者の「フーディアム・インターナショナル」ただ1社だけだと聞いたことです。買収した各社の決算期にズレがあることを利用して、ないものをあるように見せかけていただけなのです。

そう、すべてがでまかせだったのです。

▼あなたの3億5000万円はオレのもの！

でまかせの最たるものは、増資された3億5000万円の資金です。たしかに、一度は「フーディアム・インターナショナル」に入金されたのですが、正式に契約が成立した途端、「子供の金は親の金」といわんばかりに、グループ会社の資金ということで回収されました。

ほかにも「フーディアム・インターナショナル」名義で設備投資のために借り入れた5000万円が、用途以外に流用されました。ひと言でいえば迂回融資です。上場している会社は、この行為を商法で禁止されています。犯罪行為とは知りつつも、私も内部の人間になってしまっていたので、当時は明るみにすることを避けました。

「上場に向けて会社の体力をアップさせるために実施したはずの増資なのに、気づけば上場の資金調達どころか、会社をとんでもない方向へ導いているのかもしれない。自分は愚かな決断をしてしまった。早くこんな会社から離れなくては！」

後悔しても、どうにもならない状況に追い込まれていることは理解していました。最悪は「特急」の株式が売りに出されて、私の手から離れてしまう。そんな不安から脳裏を一刻も離れませんでした。そこで上場の時期を予定より早めることと、持ち株比率の回復という2つを、当面の緊急課題として行動するようになったのです。

▼私のものが勝手に売られる?

意味のないコンサルタント・フィーや、新たに上乗せ請求されるようになった家賃など、マイナス要素は相変わらず多かったものの、その年末には経常利益の上期目標をクリアし、一筋の光明も見出せました。

しかし、年が明けて開かれた、本社で開かれる月例のグループ会議で、私の戦闘意欲は真正面から打ち砕かれてしまいます。会議後は、直営店での懇親会が開かれるのですが、その席上で、社長から最後通告ともとれる真意を聞かされたのです。

私の会社が叩き出した成績に満足した様子だった社長を見た私は、チャンスだと思って、相談というかたちで株式保有率回復の話を持ちかけました。すると、

「ふざけるな！　そんな話は昔のことだ。今は、そんなつもりはない！」

まさしく鎧袖一触《がいしゅういっしょく》、ケンもホロロという対応でした。こんな回答が投げつけられるなど、私はまったく想像していませんでした。混乱気味の私は、さらに問い詰めます。

「どうして駄目なんですか？　そういう約束だったじゃないですか！」

実は、この約束を交わしたとき、私の会社の非常勤役員2人も同席していました。つまり密室の謀《はかりごと》ではなく、証人がいたのです。しかし、このことを口にしたのは「失敗」でした。彼の頭に、さらに激しく血が上ってしまったのです。

社長は即座に、グループ企業の一つでファイナンス業務を手がけていた会社の社長を呼びつけると、こんなことを怒鳴ったのです。

「こいつが34％の株をくれとしつこくいってくる。うるさいから全部売ってやれ！」

この言葉を聞いて、社長が根負けしたと思いました。私の勝ち、と思いました。そこで間髪をいれず念押しすると、激昂したままの社長は恐るべきことを口にしたのです。

「ふざけるな！　他のところに全部売るんだよ。お前はそこから勝手に買え！」

私が手にできるはずの株を、売りに出してしまうというのです。これだけは避けてほしいと思っていた最悪の事態です。こんなことをされたら、自分の会社を自分の手に取り返すことは、事実上不可能となってしまいます。

ここでようやく、私は心の底から「騙された」という事実をすべて受け止めました。騙された悔しさ、馬鹿にされた悔しさから、生まれて初めて人前で涙を流しました。やや落ち着きを取り戻したところで、グループ企業の社長や幹部たちと、長時間にわたって協議を重ねましたが、私の主張が受け入れられる余地など残されてはいませんでした。

こうして87年に創業し、10年後には年商7億円、それから5年で72店舗まで拡大し年商50億円にまで駆け上った、私の夢が詰まった創業会社は、ついに私のものではなくなってしまったのです。

10年以上、手塩にかけて育んできたものが、一夜にして人の手に渡る……。そんな経験をしたことがある読者はほとんどいないと思いますが、想像してみてください。天災が原因なら、少しは諦めもつきますが、そうではありません。このときばかりは、いかに立ち直りが早い私といえども数日、後悔と自責の念で夜もロクに眠れませんでした。人を恨めしく思う、世の中を恨めしく思う。自分がいかにバカかを思い知らされる。そんなネガティブな感情に支配された日々は、それまでの人生で記憶にありません。今では笑って話せますが、当時は、ずっと胸が痛いし息苦しいし、頭が重くて動くのが億劫。すべてが自分にとってあり得ないことだらけという、何ともいえない時間が続きました。

▼タダで買われた私の会社が転売の道具に

私が創業会社「フーディアム・インターナショナル」の代表取締役を辞任してから2ヵ月後、ついにその株式が売却されることになりました。

競争入札方式による売却で13社が入札、最終的には、私が株式を取り戻そうとしたときに相談を受けてもらった外資系投資機関のグループ会社が落札しました。ただし、落札した担当者・担当部署は、買収のときと担当者は別です。

落札価格は3万5000株で10億5000万円、1株3万円という値段でした。実際の売買取引では、2万5000株を7億5000万円で購入する、というかたちに決まり、残り1万株については、引き続き親会社が保有し続けることになりました。この1万株はその後、資金繰りに窮した親会社が、同じ価格で売却しています。

私の会社が事実上の乗っ取りで買われたときに要した資金は、第三者増資での融資分です。つまり3億5000万円ですが、これとて融資後に回収されたのは、すでに書いた通りですから、実質はタダで購入したようなものです。

それが1年あまり経って7億5000万円に化けたのです。残りの1万株は後に3億円で売却されましたから、合計10億5000万円。濡れ手で粟、まさしくボロ儲け。こんなことをするために、私が20年近くかけて地道に成長させてきた会社が利用されたのです。私がどれほど悔しい思いをしたか、最後まで株を取り戻そうと苦しんだか、読者のみなさんにも理解していただけると思います。

株式の大半が売却されて、私の創業会社は、体制を刷新します。わずか1年で大幅な赤字体質を背負わされていたからです。その結果、私の追い落としに十二分の働きをしたスパイ社員は案の定、解任され、後任には、私の「りきしゃまん」買収時代からの部下だった人物が就任しました。

その後、前述したように残されていた1万株も売却され、私の創業会社は、今度は外資系投資機関の子会社が設立した持株会社の傘下企業という立場になりました。かなり複雑な組織図ですが、とにかくそういうポジションに落ち着いたのです。

ところが、新たに親会社となった外資系投資機関のグループ会社も、〝リーマン・ショック〟の煽りを受けて、09年春に別の企業へ売却されました。

一方、元の親会社ですが、とんでもない経営を続けてきたツケは、しっかりと払わされたようです。親会社の延命を図るために、子会社の売却を繰り返していたようですが、手持ちの駒がなくなれば、いとも簡単に手詰まりとなります。そこで、株式併合と新株予約権の有利発行を実施するという発表をしてしまいます。

これらを同時に実施するのは、簡単にいうと既存の株主にとってマイナスの影響ばかりが大きいものです。真っ当な会社なら、こんな手口での資金調達は考えません。当然のことながら、東京証券取引所が「市場を混乱させる恐れがある」と判断し、「注意喚起の公表措置」を取られました。

なりふり構わぬ延命手段もいよいよ万策が尽きて08年の決算時、この会社は上場基準である時価総額3億円というハードルをクリアできず上場廃止となり、それから3ヵ月後、60億円近い巨額の負債総額を抱えて倒産します。

たった10坪の居酒屋から20年かけて、グループ年商50億円の企業に育てたのに、ちょっとの油断や思い込みから、こんな会社に乗っ取るスキを与えたのです。

ポジティブ人間の私ですが、このことは今でもときどき思い出します。そしてイヤな気分になります。本当にイヤなことは、思い出さないようにはできても、忘れられないものなのだと思います。ですが、これを逆手に取ってポジティブ思考を強化するようにしています。今となっては、相手に対して恨み言をいう気はまったくありません。今さらながら、訴訟を起こそうという考えも、露ほどもありません。

▼1200万円の追徴課税の追い討ち！

先ほどの外資系投資機関に株式を売られる前の06年6月末。創業会社「フーディアム・インターナショナル」の代表取締役を辞任することになった私は、同時に親会社の役員兼「フーディアム」会長だった人物と、新たな契約を結びます。それは、会社の債務に関する連帯保証から私の名前を抜くことと、私が保有する「フーディアム」株式の売買を預託すること、この2つを柱とした内容でした。

ところが、この約束も、反故《ほご》にされます。

まずは連帯保証。こちらはまったく実現されるような気配を見せず、何度も確認の連絡をしましたが、最後まではぐらかされてしまいました。

株式の売買については、9月には売却する予定だったのですが、買い手の企業が二の足を踏んでいるということを理由に実行されませんでした。

結局、私が保有する株式は「フーディアム」が買い取るという契約に落ち着いたのですが、まったく無関係の会社に売却すると思っていましたから解《げ》せない話です。もっとも、このときに親会社は、創業者である私の影響力を徹底的に排除し、下手に手出しをできなくするよう、自社での保有率を100％に近づけるべく、ほかの株主たちにも売却を持ちかけていました。さらにいうと、約束とは違うかたちで売却された取引は、後からとんでもない事態を招くことになります。

辞任からちょうど1年後。私のもとに、「りきしゃまん」買収時代からの部下だった「フーディアム」現社長と経理担当が、税理士を伴ってやって来ました。

「自分たちも今までまったく知らなかったのですが、杉山さんが会社に売却した株、あれは自社株取引の扱いになるそうです。そして利益は、みなし配当とされて税金が発生することになりました」

税額を見積もったところ、1200万円以上になるといいます。私が受け取った退職金1000万円を超える巨額の税金です。私は、しばらく事情がのみ込めませんでした。税理士によると、前年に税法が一部改正された部分に、どんぴしゃりと当てはまるケースで、想定していない盲点だったそうです。

実は私は、代表取締役を辞任後の半年間、顧問という肩書きで会社に残っていました。

顧問といっても、何かをしていたわけではありません。名目上のお飾りです。

外部への売却が前提でしたし、それが不可能となったから避難措置的に、私を納得させるために自社で一時的に引き受けたのでしょうが、とんだ災難です。私も迂闊《うかつ》でした。

もし、契約通り第三者的な企業に売却されていれば、まったく発生しない税金。もともと1株5万円で設立した会社であり、子会社化される際に社員持株会を解散させ、1株15万円で全株式を私が買い戻しました。その上90％も減資した挙げ句に乗っ取られただけでも腹立たしいのに、その株式を1株たったの3万円で売却させられています。それなのに売却益はみなし配当とされ、税金がかかるというのです。納得がいきかねる私は、税務署に直談判しました。

「売買は当時のフーディアム役員会の決定で、現在の親会社である外資系金融機関のグループ企業が本来の売却先だから売却先を変更する」

今は親会社だけど売却当時は外部の企業だった、という主張です。もちろん無理でした。万策尽きた私は修正申告を税務署に提出し、税金を支払いました。

▼7億円の利益を出して家を失う

創業会社の代表取締役を辞任して間もなく、新たな会社の設立を目指して動き始めました。どんな会社をつくるかというビジョンも概《おおむ》ね決まっていて、簡単に説明すれば、飲食業界で起業しようとしている若い人たちのサポートです。私自身が経営したりする起業家としての再起ではなく、起業家を後方支援するコンサルタント業務を柱として、再出発を図ろうと考えていました。

そんな思いを固めていたとき、起業家としての私に対して、友人から依頼が舞い込みました。

相談を持ちかけてきたのは会計士で、自分が懇意にしている大家さんが持っているテナントに入居してほしい、ということでした。私の起業家精神は揺り起こされました。その大家さんは当時、大きな設備投資と飲食店事業の失敗で行き詰まって8億2500万円の負債を抱えており、整理回収機構（RCC）の手を借りて再生中でした。その借金を1億円まで減らすことが主眼です。

私は、困っているときはお互いさま、という考え方を持っていますから、手助けを引き受けることにしました。とはいってもビジネスです。再生が終了したらテナント購入費用をはじめ、投資した資金と同等の金額で買い取ってもらうことを約束しました。

その資金は、今までの取引銀行から借りることにしました。

テナントは実際には、かなり店舗面積が広く、私が得意とする小規模店舗とは相反するものでしたが、とにかくこれまでの知識や経験を活かして頑張ろうと気持ちを奮い立たせ、初期投資で4000万円、最終的には総額5000万円以上にのぼる資金を投入して、飲食店を経営しました。しかし、立地条件が悪い上に、長いこと営業せずにシャッターが下りていたテナントですから、なかなか売り上げが伸びません。

そこで私は、当時進めていたセラピードッグ事業を、このテナントで展開することを思いつきました。

このセラピードッグ事業についても大きな「失敗」が起きてしまいますが、それはひとまずおいて、新たに投入した資金が3000万円。ほかにも、このテナントを維持するために、私の地元の飲食店を買収するなどしていたので、軽く1億円以上を、テナント救済のために使った計算になります。ところが、直後の9月に発生した〝リーマン・ショック〟で、まったく歯車が狂ってしまいます。

順調に再生が完了すると思った矢先に、大家の資産が一気に目減りして、私が一時的に購入したはずのテナントを買い戻す資金が、用立てできなくなってしまったのです。

ただでさえ、多額の借金を抱えて四苦八苦しているような人です。そこにきて、手元に残された資産の価値が暴落してしまったのですから、どう考えても明るい未来像を想像することができません。どうにもならないだろうと判断した私は、赤字が続いていたテナント事業からの撤退を決めました。傷口をこれ以上、広げないためです。以前の私なら、どうにか立て直そうとして無理をしたかもしれません。そうしなかったのは、失敗を重ねたおかげでしょうか。

そして09年9月。件の大家は再生計画通りに、借金を1億2500万円まで圧縮できていました。1年で7億円も利益を上げたことになります。

一方の私はというと……東京と沼津の2件のマンションを売却し、事業担保にしていた7LDKの自宅を手放す結果となりました。不景気の昨今、大型物件は買い手がつきにくく、ディスカウントしたため、買い手には喜ばれましたが、私の手元には売却損と借金が残ってしまいました。

▼またまた起きた売り上げ持ち逃げ

08年7月に新規出店した鉄板ダイニング店があります。この店を、店長と調理スタッフから「買いたい」とお願いされました。飲食業コンサルタントしての私の最大の仕事は「社長をつくる」ことですから、申し出に異論などありません。私は快く承知しました。

11月からの分割払いで売却する、ということで話はまとまり、船出したばかりの店は、それまでの店長がオーナーとなり営業することになったのです。

ところが、翌年2月には早くも返済が途絶えてしまいました。初期費用や什器などのリース代は私が出しています。当然、返済義務は私にあり、取引業者などに支払う月々40万円ずつの返済は、私が請け負っていました。そんな立場ですから、入金がないと立ち往生してしまいます。

結局、返済計画を見直さなければならない事態に陥り、取引業者が抱える未払い金については、代物返済契約することに。現時点（10年5月現在）でも、厨房やレジスター、店で使用する車のリース代など1600万円にものぼる債務が未回収のままです。

その上、09年7月末日には、店長でありオーナーでもある人物が、2ヵ月分のカード売り上げとその日までの現金売り上げを持って逃走してしまったのです。

この人物の行方はほどなく判明したのですが、会って今後について話し合いたいと何度も呼びかけているのに、一向に応じてくれません。私は、今すぐ耳を揃えて借りたお金を返してくれ、というつもりはないのに、です。

03 CHAPTER

まだまだ続くよ、失敗人生

～100回失敗して初めて見えてきたもの～

第3章

CHAPTER 03

これまで、主に、お金と人の失敗を述べてきました。実は、私の失敗の履歴書は、まだまだあるんです。これでは、職歴ならぬ、失敗歴欄がいくつあっても足りません。その一部を時系列にして、ご紹介したいと思います。加えて、自身の失敗を今、振り返ってみた感想・反省も述べたいと思います。「他人の失敗話に飽きてきた」、という方は、ここは飛ばして4章へ読み進めてください。

▼「失敗の履歴書」第一部・脱サラするまでのてんやわんや

・野球少年だったが、父の闘病が長く続いたため行きたい高校進学を諦め、同時に甲子園への夢も断ち切った。

・会社員1年目。独身寮生活を送る中で酒の味を覚えてしまい、以後3年間、朝まで飲むような日々を続けた。

・将来について具体的に何かを決めたわけでもないのに退職。海を眺める毎日を過ごす。

現在は、脱サラしようと考えたらまず、将来の方向性をある程度は決めてから動くものという考えが主流です。脱サラしたときは、今になって振り返れば無謀で無鉄砲、無計画な退職で、はっきりいって「失敗」といえますが、当時の私には、新たなスタートを切って、まったく違う人生のレールに乗ることしか頭にありませんでした。必然的に訪れたとも思えるような大きなチャンスにしか見えなかったのです。

▼「失敗の履歴書」第二部・独立開業直後も続く「失敗」人生

・最初の転職に失敗後、アルバイト生活。得意先には元の職場もあり、仕事に行くのが億劫になることもあった。

- 何となくではあるが飲食業界で生きていくという心が芽生えたが、コンビニ経営にも執着。しかしさまざまな障壁があったため、早々にコンビニオーナーの夢は捨てた。
- 「一国一城の主」になることを決意し、開業資金を国民生活金融公庫（国金）で借りることにしたが、制度をよく理解していなかったため設備工事を融資実行より先に進めてしまった。融資は支払い時期に間に合わず、別の銀行に頼み込むはめに。
- 調理技術を身につけていない素人オーナーだったため、提供するメニューについてお客様からクレームの連続。実は仕入れや仕込みの仕組みもよく理解していない状態だった。
- 売り上げがサッパリだったので、単純に営業時間を延ばせばいいと考えて、ランチタイム営業にも手を出す。しかし、浅はかな考えだったことは1ヵ月もすると明らかになり撤収。

・商売の機会が増えると思い、年中無休で営業していたが、サラリーマンを狙った立地だったため、日曜・祭日の営業は無意味。そんなことすら、開業前に気づかなかった。

一読すればわかると思いますが、ほとんどの事例は、試行錯誤というよりは行き当たりばったりです。これは私の本能的な行動パターンで、悩む前にとにかく前に進むというのが特徴です。手を出せるものには手を出すという考え方は、今も昔も変わりません。普通なら及び腰になりそうなことにも突っ走る様子は、他人が見れば恐れ知らずに見えるかもしれませんが、私は成功を前提に考えているし、失敗しても挽回できる自信がありましたから、次々と新たなチャレンジをしたのです。それは状況改善のための挑戦でもあったので、この心意気だけは理解してもらいたいと思います。

▼「失敗の履歴書」第二部・急成長の裏でも飽くなき「失敗」

・結婚式費用として70万円貸してくれと社員に頼まれ快諾したが、返済されず。

・株式上場を目指している時期に、経理担当として入社してきた人物に100万円分の株券を譲渡したが、業績が悪化すると税務署調査で会社の不利になる発言をして退職。直後に「株券を買い取ってほしい」「訴訟を起こす」とまでいわれてダブルショック。

・店舗が増えたので物流を担当する会社を新たに立ち上げたが、経費が想像以上にかさんで早々に休眠。

・毎月熱海での勉強会の後、二次会で串特急を利用していたが、会費は3000円、沼津までの代行タクシー代1万円。どうしてこうなるの！

・店舗の衛生管理を担当する会社をつくり、創業時から付き合いがあり、その分野に詳しいと自負する人物を社長にしたが、言葉ほど営業の成果が上げられない（つまり過大アピールをされていた）ことが直後に判明。業績自体も上がらず、アウトソーシングで済ませたほうが得だと、後にわかった。

- 他の会社を買収したが、大企業病からか、意識改革に難航。それまでの社風にこだわる社員たちの反発が、計算していたより大きかった。
- 他の会社を買収する際、買収後も使えると思っていたシステムが使えず、システム全般の改革と構築に、1億3000万円の予期せぬ先行投資が新たに発生。
- 新業態3店舗を任せていた責任者に、今後の方向性についての考え方の違いから、突然退職されてしまった。
- 店舗テナントの大家さんからの要求をむげにするわけにもいかず応えていたが、コンセプトと合わない要望が多く、経営自体を危うくしてしまった。
- 14店舗を一気に買収したとき、経理担当を従来通り1人しか置かずにいたため、現場の対処に苦悩。

・豆腐料理店の店主と提携してFC形式で店舗を新規オープンさせたが、思うような結果が出ず早々に売却。

・道路交通法の改正で飲酒に対する警察の取り締まりが強化されたため、郊外型店舗を中心に41店舗を短期間で閉鎖または業態変更。法改正のことは知っていたが、その影響度に対しては読みが甘かったかもしれない。急に大きな縮小をしたため、業績を勘繰った銀行の印象が悪くなり、追加融資が受けられなくなった。

・年に一度の三島市のお祭りパレードで、弊社のオープンカー、クラシックティファニーが利用された。街中の一番の場所でエンジンが故障。みんなで車を押しながらパレードを続行したが、大きな迷惑をかけてしまった。

私の会社は、創業10年を境に大きく飛躍し、15年を迎えるころには業界でも有名な存在になっていました。しかし、その裏では相変わらず失敗を繰り返していました。金銭面でいえば「失敗」1回当たりの損失も、以前よりケタが増えていったのです。

お金の面で考えると、投資だろうと何だろうと、ケタが増えると決断力が鈍ってしまうのは、よく聞く話です。その点でいうと私は、金額で躊躇することがありません。そのときの自分に可能な額の範囲なら必ず挑戦します。一歩引くという思考がないことは「失敗」を招く一因だったのかもしれませんが、ギャンブルのような状況だとしても前進したのは、小高い丘ではなく大きな山に登りたかったからです。

▼「失敗の履歴書」第四部・会社が奪われる前後の「失敗」!

・お店の主力商品が焼き鳥だったので、鳥インフルエンザ騒動で大打撃。証券会社から業態の多角化をすすめられて幾つかの新業態をつくったが、大腸菌O157、狂牛病、ノロウイルスなど次々とさまざまな食材に騒動が発生して、飲食店ビジネスの苦労を知る。

・静岡県はサッカー大国なので、サッカーワールドカップ開催に合わせてメニュー開発やイベントを組んだが、自宅でテレビ観戦に熱中する人が予想以上に多かった。店舗に観戦用のテレビまで用意し、集客増を期待したが予想が大幅に狂った。

- 外資系企業から企業買収費用として10億円を出すといわれ、悩んだ挙げ句にOKした。悩んだ最大のポイントは、10億円という金額の大きさ。当時の私の会社は資本金1000万円だったので、自分の会社ではなくなるという不安があった。しかし、OKした後に別の飲食店企業からの増資やスタッフ受け入れなどといった条件が加わったため、最後は断った。

経営者にとって、株式上場はひとつの大きな夢です。当時の私は、世界に焼き鳥屋を展開しようと海外視察を繰り返し、株式上場後にはハワイを拠点に第二の人生を歩もうと思っていました。そんな思いから、国内のビジネスに熱い闘志が欠けていたのかもしれません。

▼「失敗の履歴書」第五部・再起を図りたいのに寄り添ってくる「失敗」

・知人から、妹が経営している居酒屋を助けてほしいといわれて承諾。資金も自分で用意して臨んだが、参画後に既存店長の不正が発覚したり、手伝う条件だった駐車場もなくなり撤退。9ヵ月ほどで2500万円の損失。撤退後、先方から途中で投げ出したとクレームがつくオマケつき。

・お世話になっている会計士から、再生中の物件にテナントとして入ってほしいと請われ受諾。将来的には買い戻してもらう約束で、物件への投資もする。しかし、受諾前からわかっていた立地条件の悪さから赤字続き。5000万円を投資したが、最終的には撤退。

・NPO法人の理事長と出会い、セラピードッグ事業を開始。利益は折半という約束で投資したが、反故にされ、裁判を起こして勝訴したが、お金がないといい張られて未回収。

・経営していた直営店舗を分割払いで知人に売却したが、売却債務380万円とリース債務が未回収のまま。

・新規オープンした店舗の店長と調理スタッフに、分割払いで店舗を売却したが未払いが続く。店舗内には、私が連帯保証人となっているリース資材もあり、返済対策を講じている最中に、オーナーとなった店長が、カード売り上げや月末支払い資金を持って逃走。

会社を失うという、一般的な感覚からすれば再起不能と思える「失敗」を経験した後も、このように「失敗」を重ねました。

私とて、好んで「失敗」しているわけではないし、悔しいとか悲しいなどのネガティブな感情だって芽生えます。でも、そんなことにかかわっている隙はないと思い直し、自分は立ち直れるはずだという気持ちを強くして次に進みました。

この段階では「失敗」を取り戻すための「失敗」という側面が多いように見えると思いますが、私の心中は少し違います。次に成功を収めればいい。それだけです。

▼「失敗の履歴書」第六部・「失敗」の付録もあります

- 中学3年のとき、1年生の女の子を好きになり、何もいえないまま卒業。東京への進学が決まっていたため、卒業式当日、ラブレターを持ってその子の家に。本人はいなかったがお母さんに気に入られ、高校3年間、お母さんと文通することになり、以来40年間、一度もその子に会っていない。
- 好きな子と焼き鳥屋で飲み会。今日こそものにするぞと意気込んで深夜まで飲み続け、焼き鳥屋の2階で2人ともダウン。よし頑張るぞと思いきや、その子が嘔吐し始め、介抱して終わる。
- 友人がハワイで経営していたガソリンスタンドを撤退すると聞き、仲間と一緒に買収することを計画し、私個人として1100万円を投資したものの、頓挫。

・コンサルタントという新規事業に取り組み始めた当初、友人の紹介で私自身のブランディングを手がけてくれるというコンサルタントに月額84万円を支払って半年間お願いしたが、仕事をしてもらえたのは、月一度の打ち合わせとたまに一緒に行くゴルフだけ。

・友人の紹介でリゾートホテルの顧問に就任。しかし、そのホテルはすでに売却されていて、賃貸契約で営業を続けており、すでに9ヵ月間家賃が滞納されていた。そのようなことは事前に説明がなく、就任4ヵ月目には顧問を降ろされ、さらに2ヵ月後には閉鎖。

・高齢者雇用の促進を行政から依頼され、店舗の一部を改装して高齢者だけで運営するおにぎり店を開店。しかし、忙しくなると体力的に続かないという問題が浮上し、閉鎖。

・ニューヨーク進出の最終段階に、同時多発テロ事件が勃発し、契約日を明後日に控えた時点で断念せざるを得なくなった。

- バリ島に出店したが、４年後、現地の治安悪化と現地社長に売り上げや預金を横領され閉鎖。
- 忘年会の帰りの電車で寝込んでしまい、サイフはおろかカード類、運転免許証、メガネまで盗まれた。

あまりにも内容がプライベートすぎるので公表したくない事柄などは省きましたが、それでもこの数です。みなさんは「多いなあ」と感じるのではないでしょうか。まだ還暦前の56歳なので、ここに挙げた数だけでも「失敗」は年に1回の恒例行事だったといえます。

これだけ「失敗」を積み重ねても、こうして生きているし、毎日を笑って過ごしています。なぜそうできるのかは、この本を最後まで読んでいただければ、きっと理解してもらえると信じています。

▼季節ごとに大失敗……なぜこんな人生になったのか

私は、ざっと数えて百数十個、平均すると半年に一度以上（社会に出てからというスパンで計算すると四半期に一度のハイペース）は大きな「失敗」を重ねてきました。

なぜ、こんなにも数多くの「失敗」をしてしまったのでしょう？

答えは単純です。

まず第一に、人を信用しすぎるということ。特にビジネスシーンにおいての「失敗」は、ほとんどこれが最大の原因です。

人を信用することは、悪いことではありません。私は「性善説」を信じている人間なので、人を信用することは、美徳の一つだと考えています。

しかし、仲がいい、信頼関係が十分に築かれていると自分では思っていても、相手も同じ気持ちだとは限りません。人を簡単に信用するというのは、想像以上に危険なことです。それでも私は、人間関係構築の最初のステップに「信用」を置き続けました。今では昔ほど騙されやすい人間とは思っていませんが、私が人を「信用する」ことを念頭に置いている限り、避けられないリスクだと思っています。

なぜ危険と知りながら、また「失敗」の最大要因だと突き止めながら、今もって人を「信用する」ことをやめないのかといえば、これも理由は簡単で、疑ってばかりいる人生は寂しい、と思っているからです。

第二に、事前調査や見通しの甘さが挙げられます。楽観的に、いい結果だけを念頭に置いて突っ走った結果の自爆、という場合も多かったように思います。これと先に挙げた信用の問題が絡むと、人間を推し量る能力の欠如、ということになります。

第三に、金銭感覚があります。私は投資した結果、元手が殖《ふ》えると踏めば、投資金額に糸目はつけません。だから、時流などにうまくハマれば大きな儲けが生まれて、会社を急成長させることも可能だったのだと思います。その結果が年商50億円です。しかし、これは一方で、悪いほうに転んだ場合には手に負えないダメージを蒙《こうむ》る危険性をはらんでいることになります。そのあたりのサジ加減が、私には不足していたようにも思います。特に、先見の明がない上に、よく知らない分野への冒険となると、危険度が飛躍的に増大することは、今になるとよくわかります。

第四に、「失敗」から教訓を十分に引き出さなかった、という点もあります。同じような「失敗」を飽きもせず繰り返しています。これまで私の「失敗」を列記しましたが、それを読んだら「こいつ、アホか？」と思う読者も多いと思います。実際、そういう人物評を受けることもあるのですが、そのときは私もさすがに「バカの見本市だな」と思ってしまいます。もっとも、歳をとるにつれて、それなりに学習はしているのですが……。

第五に、挑戦した数の多さです。脱サラしてから21年間で8つの会社を起こし、150店舗もの飲食店を開業してきました。海外出店や他地域への出店、M＆Aや株式上場への挑戦、多業態への挑戦、その数の多さが失敗に比例します。

この5つの原因がもとで、私の数々の「失敗」は生まれました。

▼「失敗」を堂々と語るなんて「アホな人間」？

私は「アホか？」と思われてしまいそうな、普通の人の感覚なら絶対、公にさらしたくない自分の過去を、いとも平気にさらしてきました。

自分から進んで恥をさらすという行為も、普通に考えたら「アホか？」と思われそうな行為です。マネしようと思う読者は、ほとんどいないでしょう。

それでも、恥ずかしいと思いながら本書を綴っているわけではありません。むしろ、気分は堂々としたものです。

自分の汚点を堂々と……？

こう感じる読者も多いことでしょう。しかし、自らの汚点を公表することに、何のためらいもありません。他人の成功譚は、書店に行けばいくらでも手に入ります。でも、それらを忠実にマネして同じように成功をつかめる人は、ごく少数だと思うのです。

それよりは、成功の裏にある失敗、あるいは単なる失敗そのものの事例集を読んで、失敗を回避するほうが、より多くの人に成功への可能性を膨らませてあげられるのではないか。より実践的に役立つのではないか。ついでに、失敗して前に進めなくなった人に、立ち直る秘訣をお教えできるのではないか。そう考えたのです。

▼私と共通する「失敗」「挫折」を経験していませんか？

前に書き連ねた私の「失敗」の中で、みなさんも似たようなことを体験している、と感じた事柄はあったでしょうか。

私は長く、飲食業の経営者だったので、当然ですが経営上の「失敗」が大きなウエートを占めています。しかし、「同じ経営者として」という視点ではなく、もっと大きな枠組みで、共通項を探してほしいと思います。

例えば、友人・知人とのトラブル。欲をかいて裏目に出た。「失敗」した結果、何かを失ってしまった……。そのような視点で私の「失敗」を読めば、少なくとも1つぐらいは、共通体験があると思います。いかがですか?

「あった!」という人。私は正に、そういう人の今後の人生に、自分の経験が役立つと思っています。

「なかった!」という人。その場合は、どんなことをすれば「失敗」する、ということを事前に学習できる参考データとして、私の経験を役立ててもらいたいと思います。

CHAPTER 04

第4章

100回転んでも、人生は必ず良い方向へ進む

~どん底から這い上がるチャレンジ術~

CHAPTER 04

まだまだ書き足りないほどの失敗を繰り返して、現在があります。そして、遂に「幸せとは……」を見つけました。失敗は悪ではないというお話を、この章ではしたいと思います。ぜひ、読者のみなさんにお伝えしたい内容ですので、読んでエネルギーを充電してください。

▼「失敗」しても大丈夫！　といい切る理由

私は年間50億円の売り上げがある居酒屋チェーンとグループ企業を、人間関係や見通しの甘さという「失敗」が原因で手放しました。株式上場を目前に控えた会社の社長だった時代、私の月給は400万円ほどでした。しかし「失敗」して100万円減り、さらに騙まし討ちのようなことをされて100万円減り……。3年後には株式上場どころか会社を乗っ取られて会社そのものを失い、収入がゼロになりました。

ここまで読んだみなさんも多分、「杉山はよく死ななかったな」と思われていることでしょう。しかし私はこれまで、「生きる気力」を失ったことは一度もありません。

私が転ぶことを恐れず、とにかく前向きに行動する理由は、実は１つしかありません。ほとんどの「失敗」で、命まで取られることはないということです。月給４００万円から収入ゼロになったといっても即、死にいたるような大げさなことではないのです。転んだのはゴールへ向かう道の途中であって、もう一度起き上がって歩けばいいだけです。

もちろん、再び転んでしまう可能性だってあります。しかし、それは「成功をつかむための経験を積める可能性なんだ」と思えばいいだけです。

私は「串特急」チェーンの社長だったとき、大きな負債を抱えて倒産し、従業員を路頭に迷わせることだけが、唯一、命にかかわる「失敗」だと思っていました。だから常に、借入金と同額の生命保険をかけていたくらいです。もちろん、そうはしても自殺するような状況に追い込まれることは夢想だにしていません。ただ、自分で会社運営に対する責任感や覚悟を高めるために生命保険をかけていたようなものです。

収入だけではなく、１８００万円で購入した思い出のクルーザーやベンツ、リムジン、建物だけで６０００万円以上を費やした持ち家も失いました。しかし、移動手段がなくなったわけでも住む家がないわけでもありません。車は、高級外車でなければ走れないというものではないし、中古車でも何でも、収入に見合う車を買い直せばいいだけです。借家住まいでも雨露はしのげるし、何より生きていられるという事実に変わりはありません。今は気になるいろいろなモデルハウスを見学していて、「いつかは自分のものに！」と新たな夢を持っています。ひと味違う家に住み直すことができると考えれば、豪邸を失ったという「失敗」は「経験」として活かされると思うのです。間取り、窓の配置……以前とは異なる観察や判断ができるし、ムダだったとは思っていません。

▼人生は「交流」のほうが楽しい

生まれてからこれまでの人生の軌跡をグラフに書いたとしたら、とても多くの波が形成されます。中央の横線をゼロとして、それより上をプラス、下をマイナスとした場合、思い切り上に行ったこともあるかと思えば、思い切り下まで落ちたこともあります。急上昇も急降下もありますし、一定のところで直線に落ち着いたためしがありません。

ここでいう直線は、中央のゼロを示す横線と平行な線のことです。これはどんな状態かというと、昨日も今日も明日も変わらない、現状維持の状態です。つまり、「失敗」も「成功」もない、一見すると穏やかな人生です。

私は、平行線をたどる人生をあまり楽しいとは思っていません。たった一度きりの人生だから、いろいろなことが身の回りに起きたほうが楽しい、と思っています。

ときには辛いことと苦しいこともあるけれど、何もないよりはあったほうがいい。それに、マイナスの出来事があるから楽しいことや幸せなことが起きたとき、もっと強くそういう気持ちを実感できるようにも思います。

みなさんは、理科の授業で、電流について学んだと思います。電流というのは、直流と交流があって、直流の電気はグラフにすると直線で表されます。交流は波線で表されます。

私は、この「交流人間」でありたいと、いつも思っています。「直流人間」でも幸せはつかめるけれど、「交流」のほうが、人生の中身が数倍豊かになると考えているからです。

▼「失敗」も「成功」も同じ「経験」

私は「失敗」という言葉を、世間一般がイメージするようなネガティブな意味にとらえていません。「挫折」「困難」などの言葉も同じです。

「失敗する」というのは、何らかのアクションを起こした結果です。行動しなければ「失敗」するはずがないので、究極の意味では、「何もしないこと」が失敗回避のもっとも効果的な手段です。

しかし、よく考えてみてください。生まれてから、少なくとも社会とかかわりを持つような年齢になってから死ぬまで、一切何も行動しないで過ごすことができるでしょうか。

身近なたとえでいえば、健康な両足を持っているけど、転んで怪我をするかもしれないし危ないから一歩たりとも歩かない。そんな生活を続けられるでしょうか。食中毒にかかるのが怖いからまったく食事を摂らない。そんな芸当は可能でしょうか。

「転んで怪我をした」というのは「失敗」でしょう。これは「歩く」という「行動」の結果です。

もし私なら、転んだときにこう考えます。

「転んだら、どこを怪我するかがわかる。どう歩けば、どこを歩けば転ぶかがわかる」

これらの発見は、行動したから得られるものです。次からは、こうした学習に沿って、失敗を回避しやすくなるはずです。つまり「成功」への道のりが今までよりハッキリします。

▼やらぬ後悔よりやって後悔

後悔には2種類あります。行動したことへの後悔と、行動しなかったことへの後悔です。

私は「なぜ、あのとき、行動しなかったのだろう」という後悔をしません。常に、結果はどうあれ「行動」しているからです。そして同じ後悔なら、行動しなかったことへの後悔より、行動する上で選択が間違っていたと後悔するほうが、数段マシだと考えています。

結果が「失敗」にせよ「成功」にせよ、経験した数は1つです。しかし、行動しなければゼロです。また、行動した上での後悔なら反省すべき点も絞られますし、新たに学習する要素も少なくて済みます。シミュレーションすべきケースが半分になるからです。

そう考えれば、同じ「後悔する」にしても、行動した上での後悔のほうがいいと、私は考えるのです。また、行動した上で後悔が生じたのなら、あっさりと自分に謝ってしまえば、次のステップにも進みやすくなります。

それに、行動せずに後悔するという場合、そのほとんどは、「失敗することが怖いから行動することを諦めた」という消極的な過去の自分に対する感情だと思います。先に書きましたが、「失敗」と「成功」は表裏一体、根っこは同じです。「失敗を恐れた」ことへの後悔は、「成功する可能性を自ら放棄した」ことへの後悔だと、思うのです。
私は「行動ありき」の人間なので、行動しなかったことへの後悔をした経験がありません。だから、行動せずに後悔をする友人や知人を見ていると、もったいないことをしているな、と感じます。

ここまでは、私の「失敗」に関する考え方を述べてきました。さて、ここで、失敗を恐れて何もしたくないとき、失敗して落ち込んだときに役立つ立ち直るためのノウハウを紹介したいと思います。「失敗の履歴書」と同じように、書き出してみたら、ちょうど、20項目ありました。「立ち直るための法則20」なんていかがでしょうか?

【立ち直るための法則20】

①明日になったら落ち込まない

「失敗」したときは、たしかに気分的に落ち込んだりします。しかし、「過去は過去」と早い段階で踏ん切りをつけて、「成功が近づいた」と思えば、気分はだいぶ晴れやかになります。

私はそうして、「失敗」をするたびに前向きな発想で気持ちを切り替えてきました。だから何度「失敗」しようと、へこたれることなく、次の日を爽快に迎えてきたのです。現実に今も、「会社をつくろうと決心すれば、また50億円売り上げる会社をつくれる」と本気で思っています。

明日からすぐ、そういう考えに切り替えろ、といわれても、性格や考え方は、そんなに急に変えられないと思います。だから、次に何かで「失敗」したとき、ここに書いてあることをフッと思い出してもらえれば、と思います。もちろん、意識して「失敗」をポジティブなものととらえるように、本書を読み終えた後からでもいいので実践してもらえたら、次に「失敗」したとき、今までよりずっと早く、落ち込んだ気分から抜け出せることと思います。

②「ゴメンなさい」ですぐに起き上がる

「失敗」というものは、ときとして家族や友人など、周囲にいる人間を巻き込んでしまうことがあります。

私の場合、自分の会社を手放すことになったことが周囲を巻き込んだ一番大きな「失敗」でした。私を慕って入社した社員は、私という道しるべを失って右往左往したでしょうし、いきなり社長からただの人になって、家族も面食らったはずです。

ただ、これほど大きな失敗以外の失敗は、「ゴメンなさい」と素直に謝れば収まる程度の影響しかないように思います。

例えば、業務上で何かミスをして、上司や同僚に迷惑をかけたとします。その「失敗」は、たしかに業務が滞ってしまうなどの影響を与え、当事者に不快感を与えると思いますが、失職する事態に追い込まれたり、自殺を考えるほどの「失敗」ということは、あまりないと思います。

他人の人生を大きく左右する「失敗」を犯したのでなければ、即座に「ゴメンなさい！」といってしまうことです。すぐに謝れば、大抵の人は悪い気がしないし、「次から気をつけろよ」と寛大な対応をしてくれる場合がほとんどです。

そして、「ゴメンなさい」といえば、「挽回するために頑張ろう」という気持ちも、自然と芽生えると思います。そうして「失敗」をカバーするだけのことをすれば、何の問題もないのです。

「失敗」したとき、謝らずに気ばかり焦っていては、挽回するチャンスもなくなります。そうなったら、相手の心には不快感だけがずっと残ってしまうし、自分だって気分がモヤモヤとしたままになってしまいます。

謝るという行為には、「失敗」から素早く立ち直れるという効果もあるのです。

また、迷惑をかけた人がいない、自分だけが被害を受けるような「失敗」のときも同様です。自分自身に「ゴメンなさい」といってしまうのです。「失敗」した自分を自分で責めるのではなく、自分から謝って自分を許してやる。そうすれば気分も晴れるし、次の行動に向かうモチベーションも上がります。

「失敗」したら、その後が大事です。だったら、自分で自分を楽にしてやって、次に進んだほうが、よほど有意義だと思います。

③自分を信用する

09年、私の預金通帳は空っぽになりましたが、90歳までは現役でバリバリ頑張るぞ！という意欲に満ちています。

なぜ、「失敗」にめげず、普通に考えたら〝どん底〟といわれる境遇にあっても、心のハリを失わずにいられるか、わかりますか？

それはひとえに、自分自身を信じているからです。

「生まれてきた意味があるはずだ」

「何かの使命が課されているはずだ」

常に、こうした強い思いが根付いています。

もっとも、こんな大それた気持ちを抱くようになったのは、ここ数年のことです。以前

は、何をするにしても、単純に、

「自分にはできるはずだ」

と思っていただけです。ハッキリいって、これらの思いに、確たる根拠なんて、何一つありません。「生まれてきた意味」「課された使命」という思いは、何度も「失敗」しているのに、それでも生きている自分とは何なのかと考えたとき、フッと頭に浮かび、そのまま定着した考えです。神様や仏様が夢枕に立って、私に宣言したわけではないのです。

ただ、いざというとき、自分を信じる心ほど心強い味方はいないと思います。

「失敗」しようと「成功」しようと、それは他の誰でもない、自分自身の行動が生み出すものです。そして、自分を信じて行動するほうが、半信半疑で行動を起こすよりも、後悔が残らないし、気分的にスカッと結果を受け入れられるようにも思うのです。

「今の自分にはこれといったスキルがない」などと思い悩んで、自分を過小評価することなんてありません。

そんなもったいないことに心を砕くなら、「将来は何かのスキルが身につくはず」「何かができるようになるはず」といった具合に、漠然としたものでいいから思い込むほうが、よほど建設的なのではないかと思います。

④他人をとことん信じる

私は自分を信じています。自分のことが大好きです。しかし、これだけでは不十分だと、考えています。

いろいろなところでいろいろな人が、言葉を尽くして表現していることですが、人間は一人では生きていけません。非常に高い社会性を持った動物です。

ということは、いくら「自分を信じる」といっても、「自分だけを信じる」になっては意味がないということです。一匹狼を気取っていては、「失敗」も「成功」もありません。これらは他人とのかかわり合いから生まれるものだからです。特に「成功」は、有形無形にさまざまな周囲からの支援が不可欠です。全部を一人で成し遂げたように感じていても、よくよく軌跡を辿ったら、自分でも驚くほど多くのサポートを受けている場合が多いのです。

私の場合、脱サラした後も交友を持ち続けてくれた、元の職場の同僚や先輩の存在がありました。多店舗展開をするようになった時期には、常連として支えてくれる多くのお客様がいました。私を慕って、私の方法論についてきてくれる部下もいました。

そうしたサポートを、なぜしてくれたのでしょうか？　それは、私を信じてくれているからだと思います。そして、私も同時に、そういった人を信じています。つまり、相互の信頼関係です。

考えてみてください。信用していない人のために、何かをしてやろうと思いますか？　普通はしませんよね。

だから、「自分を信じる」ことの次に必要になるのは「他人を信じる」ということになります。自分から相手を信じれば、よほど相性が悪くない限り、相手も自分のことを信用してくれるようになるはずです。

それにもともと、私は「性善説」を柱に、出会った人間に対してはまずは信じてナンボ、という考えの持ち主です。だから、ときには手痛い仕打ちを受けることもあります。交友が続く人というのは信じるに値する人間で、そうでない人は時間とともに自然と淘汰されていくものです。

みなさんの中には「性悪説」派の人もいると思います。その場合でも、信じることができそうだ、と感じられる出会いはあるでしょう。そういう出会いを大事にしてもらいたいと思います。

世の中、そうゴロゴロと悪人ばかりがはびこっているわけではありません。世知辛いご時世ですが、それでも捨てたものではありません。人を信じればいい出会いが訪れます。それは、次のいい出会いを呼び込みます。そうやって形成されるものこそ、「人脈」なのではないでしょうか。

だから私は、人の信用を損なうようなことだけは絶対にしないと、いつも心に念じています。

私はこれまで、何度も何度も人に裏切られたり騙されたりしてきました。会社を失ったのは、これが根本的な要因でしたし、会社を急成長させる前の段階では、これが理由でオープン間もない店舗をあっという間に閉鎖することも、たびたびありました。

私の履歴を見て、「なんと愚かなお人好しだろう」と感じた人は多いと思います。実際、自分でも「人がよすぎるなぁ」と感じるときがあります。

しかし、生まれ持った生き方といってしまえばそれまでですが、私は対人関係で何度「失敗」をしようとも、人を信じることをやめるつもりはまったくありません。

会う人会う人すべてに騙され続ける。そんなことは、ほぼありえませんし、一部の詐欺師などを除けば、最初から「人を騙そう」「いつかは裏切ってやろう」と考えて、他人に接する人はいないと思うからです。

私を騙したり裏切った人でも、最初からそのつもりで私に近づいた人などいないと今でも思っていますし、何かのキッカケがあって、そういう道を選んでしまったのだろうと考えています。だから、「騙された」「裏切られた」ショックは受けるけれども、ある程度は「仕方ない」という気持ちで、受け止め直すようにしています。

だいたい、騙したり裏切ったりした人とは、その後の付き合いがなくなるのが当たり前ですから、思い悩んだところで、その人からそれ以上の被害を蒙る危険性は低いのです。それに、人を貶《おとし》めて生きる人は、よほどの極悪人でなければ良心の呵責《かしゃく》に死ぬまで悩まされるだろうし、騙したり裏切ったりしたそのときだけ、一時的に充足感を得られても、最終的には決して幸せをつかめない、とも思っています。

それと比べたら、最終的に幸せになれる可能性が残されている自分のほうが、よほど恵まれているじゃないか。そう考えるようにしています。

「こういうふうに考えるから、バカみたいに次から次へと騙しや裏切りに遭うんだ」と感じた読者もいるかもしれません。だけど私は、周囲を疑って疑って社会とかかわるより、信じて信じてかかわっていくほうが、平穏な気持ちで日々を過ごせると思っています。

ほとんどの人は、人生を狂わされるような騙しや裏切りに遭うことなどないと思います。みなさんも、自分の人生を振り返ってみてください。あるいは、友人や知人の人生を聞いてみてください。そこまでひどい仕打ちを受けた経験者って、そんなにいないものだと思います。成功への近道は「人を信じる」気持ちにあるとも考えています。

⑤いつも「これからが人生のピーク！」と考える

「失敗」してへこんでいる人に、特に強く伝えたいことがあります。それは、

「人生のピークは未来にある」

ということです。ひどく落ち込んだ心理状態になると、もうお先真っ暗で今後いいことが起きるはずがない、などと考えてしまいがちですが、そんなことはありません。

ここで一度、よくよく自分の過去を思い出してください。楽しかったこと、絶頂を感じたこと、心から幸せだと思ったこと。何か自分を勇気づけてくれたものがあると思います。

そして、多くの人は、その後が思うようにいかなかったり、恵まれていないと、「あのときが人生のピークだった」と思い込んでしまいます。

しかし、これは大きな間違いです。いつがピークだったかなどというのは、極論すれば死んだときに初めてわかるものです。私は自分の葬式に多くの友人が訪れ、笑って私の最期を見送ってくれればいいな、と願っています。もしかすると、自分が思い描くような葬式が実現したとき、それが私の人生のピークなのかもしれません。

「ピーク」というのは何も、金銭的成功を収めることだけに限りません。経営者時代の一時期の私には、そういう側面があったかもしれませんが、今は、より心の充実感を得られること、自分も周囲も幸せを実感できるようなこと、それを達成する瞬間が「ピーク」だと、思うようになりました。

年商50億円を弾き出した経営者としての過去が、私の人生のピークだったとは少しも考えていません。もう一度実現しようと思えば可能だし、その金額を追い抜ける、という思いもあるので、私は今も「人生のピークは迎えていない」と断言しています。

私が09年末時点で置かれている状況は、お世辞にも「成功」とはほど遠いものですが、それでも「明るい未来が待っている」と大きな期待に胸を躍らせています。

これでは、あまりにも楽観的すぎますか？

しかし、そうやって「夢」を実現させようという意欲があるから「夢」に向かって行動できるのですし、行動する気持ちがあるから「成功」をつかめる可能性も生まれます。

人生最高の頂を、未来にあると思うこと。これだけでも、今までよりずっとポジティブにアクティブに人生を送れるようになると思います。

⑥「夢」を実現した自分の姿を想像する

世間一般では、50代半ばともなるとすでに終《つい》の住《す》み処《か》を購入済みか、購入することは見果てぬ夢だとして諦めている場合が多いようですが、人生50年時代ならいざ知らず、今は100歳でもピンピンしている人が増えました。老け込むには早すぎる年齢です。私の少年時代は、60歳というと体のアチコチがいうことをきかなくなって、いかにも老人、という感じでしたが、現代の60歳はまだまだ働き盛りです。

私はだから、56歳の今でも、まだまだ挑戦することが可能だと思っていますし、90歳までは現役でありたいと思っています。そう考えると、社会に出てから今までの道のりと同じ長さの時間が、私には残されていることになります。

もう一度100回以上の失敗を繰り返すつもりはありませんが、100回以上の貴重な体験を重ねることは十分に可能です。まだまだ新たな挑戦への意欲が旺盛ですし、この年齢になって、漠然と思い描いていた将来像がハッキリ見えてきた部分もありますし、新たな夢まで生まれています。

いってみれば、永遠のドリーマーです。夢見ることは、少年時代から変わらぬ私の特性といえます。

50代半ばになったら、さすがに夢を見てはいないだろうなぁ……そう考えている読者もいるかと思います。ところが、意外とそうでもありません。年齢を重ねると、年齢を重ねたなりの夢というものが、目の前に現れるものです。

私が現在、実現したいと願っている夢は、実は1つではありません。マイホームをまた買おうという夢もありますし、自分の人生を他の人たちの役に立てたい、社会に役立つ人間になりたいというのもそうです。若いころ訪れて、その美しさに惹かれたバリ島で事業をしてみたいとも思っているし、ハワイで学校を経営してみたいとも思っています。いつもいつも、そうなった自分を想像しては悦《えつ》に入《い》っています。すると、より一層、実現したいという気持ちが高まり、どうすれば実現できるのかを考えるモチベーションもアップします。

⑦「デッカい夢」を公言する

私は25歳で脱サラしたとき、周囲に「一国一城の主になる！」と宣言していました。以来これまで、自分の中で大きく膨らんだ夢は、どんなことであれ告白しています。

中には、呆気《あっけ》にとられて「何それ？」というような返事をもらうこともあるし、「内心では呆れているんだろうな」と感じる場合もあります。

それでも、構わず、出会った人出会った人に、夢を語ることにしています。

なぜかというと、夢に賛同してくれる人は必ずいるし、同じ夢を持っている人がいるかもしれません。私の「成功」は、自分の夢を手助けしたいと願い出てくれる多くの友人に支えられて成し遂げられたものでもあります。

だから、今の自分からすると途方もない「夢」でも、恥ずかしがることなく人前で公にしたほうがいいのではないか。そう感じています。

それに、今の自分ではできないこと、今の自分という枠から飛び出すことが「夢を実現する」ということでもありますから、現状の自分に不釣り合いな大きなものだって、何の不思議もありません。おいそれと実現できない内容のほうが、想像する時間も、より楽しめます。

ただし、夢の大きさがどうであれ、「必ず実現するんだ」「実現させてみせる」という気持ちを、同時に持ち続けることは重要です。それがなければ、夢を見る意味が薄れます。

それから、私自身の体験からいえるのは、どうせ夢を持つなら身分不相応だと周囲から笑われるような壮大なもののほうがいい、ということです。

何のスキルも持たない、経営学もろくに知らない25歳の私にとって、会社を起こして社長の椅子に座るというのは、途方もない夢でしかありませんでした。会社を持った後は、飲食業界日本一を目指しました。今の私を見て、ほとんどの読者は「ハワイで大学？　いい歳してアホな夢見てるなよ」と、苦笑交じりに心の中でつぶやくでしょう。

それでも、私は本気です。本気の証拠に、どうすれば道が拓《ひら》けるか、いつも真剣に考え、情報を収集し、人脈をつくろうと努力しています。

大きい夢は、実現までの道のりが長くてシンドい、と考える人が大半だと思いますが、ここで考え方を変えるのです。

⑧自分の好きな景色や場所を持っておこう

私は気分がブルーになったとき、よく海に出かけます。海の近くで生まれ育ったせいか、海を眺めていると気分が落ち着きます。長く静岡の沼津という海に面した街に住んでいることも、それが影響していると思います。脱サラして途方にくれていた時代、毎日通ったのも近所の海辺でした。

ぼんやりと海を眺めただけで状況が劇的に好転するわけではないのですが、ゆったりした気分になって、落ち着いて物事を大きくとらえられるようになっていたと思います。

私にとっての海がそうであるように、みなさんにも気分が落ち着く場所、リラックスできる空間というものが、一つはあるのではないでしょうか。そうした場所があると、精神的に行き詰まったとき、人生で困難にぶつかったときなどに、大いに助けられます。

単純に気分転換ができるという効果もそうですし、無心になれるというのも効果の一つです。何かの考えごとをしていたりする場合には、解決のためのヒントがパッと思い浮かぶこともあります。

それに、困ったときに行くあてがあるというのは、挫折しきって心が奈落の底に転がり落ちていかないための安全弁を持っていることになります。困難や問題から、ただどこかへ逃げるのではないのですから、自分を許してやれる気持ちも持てます。

私の場合、そうした利用法ももちろんですが、発想を変えるために、船で沖合に出て海の上から街を眺めるようなこともします。今までと違う風景に気分も一新、違った発見をできたというだけで何となく心が軽くなるからです。

山を見るのが好きな人なら、たまにはその山に登って、中腹からでもいいから街の景色を眺めてみるといいかもしれません。高い塔からの眺望が好きな人なら、その塔の真下に立って、塔のてっぺんを見上げてみてもいいかもしれません。

とにかく気に入っている風景をぼんやり眺めて気分をリフレッシュさせるだけでも、きっと何かが違ってくるはずです。そういう場所を一つ持つことは大切だと思っています。

⑨感情はストレートに出してしまおう

私は、喜怒哀楽をけっこうストレートに表現します。嬉しいときには満面の笑みで、得意げなときには高揚した気持ちも一緒に相手に伝わるように……。泣きたいときには涙も流しますし、怒りたくなったら怒ります。

そのときに湧き出した感情は、その瞬間に表に出します。特に鬱屈《うっくつ》とした感情や泣いたり怒ったりといったネガティブな感情は、普通の人は胸の内にしまい込んでしまおうと思いがちですが、私は違います。ポジティブだろうとネガティブだろうと、感情は同じように吐き出してしまいます。

感情は時とともに変わっていくものですから、例えば喜びなどの明るい感情は、その場で出さないとその感動やありがたみが、徐々に薄れていってしまいます。逆に負の感情は胸の中でしこりとして残ってしまったり、次第に大きく膨らんでいこうとします。

過去の過ちをいつまでも思い悩む、というのは、後悔や泣きたい気持ちなどを、その場では出さずに胸にしまい込むから起きることだと、考えています。つまり、いつまで経っても気分がスッキリしていかないのです。

これらは、好ましいことではありません。みなさんも同じだと思います。だから、感情はその場で出すほうがいいのです。

また喜びや感謝などは、伝えられた相手の心もハッピーにしてくれる場合が多いものですが、感動やありがたみが大きいときに共有してもらえれば、ハッピーの度合いだって当然、大きくなります。逆にネガティブな感情は、大きく育った後に出すと、自分も後味が悪いし、それを誰かに聞かせた場合、聞かされた相手だって必要以上にイヤな気分を味わってしまうことになります。

感情をその場で出すというのは、我慢しないことにもつながります。

我慢強さは、絶対的な美徳ではありません。特に自分で自分に我慢を強いるようなことは、私は避けるべきだと思っています。自分を抑えてしまうのは、ネガティブな感情を生みやすいだけではなく、ときとして本当に自分がしたいことや考えとは違うことを、自分に対して強いることにもなりかねません。

我慢は「我慢すべきだ」という気持ちや考えが、自分の心の底から湧き上がってきたときだけすれば十分です。

我慢するもしないも、常に自分の心に正直であること。だからこそそのストレートな感情表現だ、ともいえます。

私の体験でいえば、「これ以上は無理」と判断したときの撤退の早さはまさしく、「我慢しない」ということでした。自分のモチベーションが下がっているのに、それまで以上の成果なんて上げられるはずもありません。そういう場面でもし、もうひと踏ん張りしていたとしたら、「こんなことになるなら」と思い悩む結果を待つだけだったでしょう。

⑩グッスリ寝て反省は朝に

みなさんは反省すべきことがあったとき、どんな時間帯に反省するでしょうか？　お風呂で湯船につかりながら？　トイレに座って？　いろいろあるでしょうが、多くの人は寝る前に、だと思います。私の周囲も、そういう人がほとんどです。

しかし私は、夜の就寝前にその日の反省をする、ということはしません。反省材料があるなら、寝て起きた翌朝にします。

これには理由があります。

人が寝ているときは、起きているとき以上に潜在意識が働いている時間です。寝ているときに見る夢も、潜在意識の働きかけが影響しています。そして潜在意識は、起きているときの意識＝顕在意識の影響も受けます。

もし、寝る前に反省して、悶々《もんもん》とした感情を解消しきれずに残したまま眠りについたらどうなるでしょう。顕在意識が持っている「悶々」が潜在意識にも働きかけて、きっと睡眠が不十分になるか、変な夢でも見て寝起きが最悪、という事態を招くのがオチです。「明日はこうしよう」「これに気をつけなきゃ」などと考えながら眠ったら、見たくもない仕事の夢を見てしまったりして、これまた疲れを癒すという睡眠の役割を十分に果たせなくなります。

寝る前にネガティブな感情をつくらないというのは、潜在意識にとっても睡眠にとっても、ありがたいことなのです。

逆に、その日あったことはそのまま記憶に留めているだけ、という状態で眠れば、場合によっては潜在意識が問題解決のヒントを夢のなかで提示してくれたりするものの、少なくとも目覚めが悪かったり悪夢にうなされる可能性は、ほとんどありません。少なくとも、私の体験ではそうです。

潜在意識は顕在意識と表裏一体をなしていますから、顕在意識で考えようとしていたことは、潜在意識でも考えています。だから潜在意識は、反省すべき事柄について、眠っている間に勝手に整理してくれるのです。反省する上での土台ができあがっていることになりますから、朝起きてから反省するのは、夜と比べてグッと楽に、手早くできます。後に引きずる感情を生む危険もありません。

それに「今日はこうしよう」「これに気をつけなきゃ」という気持ちの鮮度を保ったまま、物事に向かうことができるというメリットもあります。

私は寝る前、明日の自分をポジティブにイメージしてから目を閉じます。いいイメージを持って眠りについて、潜在意識を活用しようと考えているからです。このおかげで起きた途端に斬新な新メニューを思いついた、ということもたびたびありました。

みなさんも今日から、反省するなら朝に、という習慣を試してみてください。健康器具の広告ではありませんが、1週間で効果が実感できると思います。

⑪何よりも信用を大切にしよう

私の失敗だらけの人生を支えてくれたものにはいろいろありますが、中でも大事だと思っているのが「信用」です。これにつまずいて何度も失敗を繰り返したことはすでに書きましたが、そんなことばかりだったわけではありません。

脱サラして間もなく、まだ自分の行く末がよく見えていなかった時代から今にいたるまで、私を心から応援し、見捨てることなく励ましてくれたのは、サラリーマン時代の同僚です。私という人間の可能性や人格を認めてくれて、ずっと信用してくれてきた仲間です。もちろん私だって、彼らを信用しています。

交友関係だけではなく、仕事をする上でも信用は大きな武器です。信用があるから取引先はビジネスをしてくれるのだし、銀行だって信用があるから融資を引き受けてくれます。改めていうまでもありませんが、人付き合いの根本を支えているのは、お互いに信用し合っているか、ということです。信用さえあれば、何かのピンチに陥っても、意外と何とかなってしまうのも人生だったりします。

例えば、ビジネスを起こそうとするとき。私の体験からすると、信用さえあれば開業できます。

ビジネスのアイデアはあるけれど、開業資金がない。困った。そんなときも、信用があれば借り入れは可能です。開業してしまえば、アイデアが生きることになります。逆に、まとまったお金があってビジネスを始めてみたいけどアイデアがない。そんな場合は、「オレを信用して君のアイデアを買わせてくれ」と、友人や知人のアイデアマンに相談してみたらいいのです。これもまた、ビジネスが成功すればお金を生み出します。

実はこの「信用」「お金」「アイデア」というのは三すくみの面白い関係で、ことビジネスに限っていえば、どれか1つを持っていれば、あとの2つは何とか生み出せるものです。あなたがアイデアだけを持っているなら、アイデアを売ってお金に換えることができるし、ビジネスが軌道に乗れば自然と信用も得られます。お金だけはあるというケースなら、アイデアを買えることはもちろん、資金そのものが信用になることもありますし、アイデアを買って成功すれば会社の信用を得られることになります。

しかし、よく考えてみてください。この中で、もっとも自分が手に入れやすいものは何だろう？

それは「信用」ではないでしょうか。

お金は宝くじなどで1等が当たったりしない限りは、自分で汗水たらして地道に集めなければなりません。一晩でいきなりまとまったお金がつくれる、などということは、まずあり得ません。たとえ100万円だって貯めるのは意外と簡単ではないはずです。

アイデアは、お金より難しいかもしれません。誰もが聞いて驚くようなものや、今までにないまったく新しい発想を考え出せるような人は一握りです。先天的な才能という場合もありますし、アイデアを生む力を身につけるとなると、努力次第でどうにかなるお金のほうが、まだマシです。

ところが「信用」は、誰もが日常生活の中で得られるものです。寝る間を惜しむようなハードな生活なんて必要ありませんし、この世に2つとない特別な何かを備えることでもありません。人を裏切らない、騙さない。たったこれだけのことをするだけです。しかもこれらは、常に肝に銘じて意識を集中させていなければできない、などというものではありません。当たり前の生活や人間関係を、当たり前のように続けるだけで身につくものなのです。

私は、年商50億円の会社を手放したこともあるので、お金を失うことももちろん怖いことだと思っていますが、それ以上に「信用を失うこと」のほうが怖いことだと考えています。損したお金は、努力次第でいくらでもすぐに取り戻せますが、一度失った信用は、なかなか元に戻せないばかりか、永久に回復できない場合だって多いのです。

そんな大切な信用を失わないために、私が心がけていることは1つです。それは、「時間厳守」ということ。つまり、約束を守るということです。

時間にルーズな人はどうしても、何をやってもダメだ、という目で見られてしまいます。それだけでも人生、大きな損です。

いつもは時間に正確だけど、たまたまそのときだけ遅刻した、という失敗をした読者がいるかもしれません。しかし、私はそれすら、自分には認めていません。電車に乗るときは1本前の電車。不測の事態が起きて1分でも遅れそうなら早めに連絡。これだけは常に心がけています。特別なことをしているわけではありませんが、私はとても重要なことだと思っています。

⑫「雨ニモマケズ風ニモマケズ」の精神

私は、仕事を休もうという気にならない人間です。

なぜなら、「休む」という心理はクセになりやすいからです。クセがつくと、体さえ元気なら何でもできるはずなのに、そういう自分の可能性を摘み取ってしまうことにもなります。

例えば、二日酔いで頭が痛いとします。「億劫《おっくう》だから今日はパス」といって会社を休んだら、どうなると思いますか？

何か少しでも体調が思わしくないと、「今日は無理せず……」と、自分で自分に言い訳をする性格になっていってしまうのです。サボることに心を痛める良心が失われてしまった結果、裏では「信用」を失うことにもなりかねません。みなさんの職場にもいませんか？　休暇を取ると「またサボリか」と、本当の理由を知ろうともされず勝手に決めつけられて陰口を叩かれるような同僚が。

私は、連日浴びるように酒を飲んでいたサラリーマン時代でも、翌日はケロっとした顔で普通に出社していました。表面とは裏腹にけっこうシンドい状態でしたが、それでも大酒を飲んだ翌日は、戒めと気合注入の意味も込めて、いつもより早く出社するようにしていました。会社に着いてしまえば、もはや仕事をするしかありませんから、いくら頭がガンガンしていようと逃げ道もなく、休もうという気持ちに、呆気ないほどにスッパリと諦めがつくものです。

⑬借金は金融機関で

「金の切れ目が縁の切れ目」「親兄弟が相手でも保証人にはなるな」など、お金の貸し借りにまつわる格言やことわざは数多くあります。私は、これらの言葉にウソはない、と考えています。

だから私はこれまで、借金をするにしても金融機関からしか借りたことがありません。身近なところで借金することを恐れたのは、頼んだ時点で信用が損なわれる可能性が大きいからでした。まるっきり変わらぬ信用を置いてくれる人もいますが、普通は少なからず不信感を抱かれるものです。信用を失う危険を冒してまで、友人・知人から借金をしようという気にならなかったのは、私としては当然の理屈です。

さらに、金融機関だけを相手にしたのは、別の理由もあります。金融機関が相手なら、借りたまま逃げまくるという卑怯なことをさせてはもらえないので、何としても返済しようという気持ちを、完済するまで持ち続けられるからです。

友人にお金を貸したら返ってこなかった。連絡してもナシのつぶてで途方にくれた。こんなトラブルはよく聞く話ですが、個人間だと逃げるのも容易ですよね。もともと「信用」

や「付き合い」だけで貸借関係を結んでいるから、書面などの証拠を残したりしないことがほとんどです。これがトラブルの火種になるのですが、金融機関が相手だとその心配もありません。

さらにいえば、私は口約束でビジネスに失敗したり騙されたりした経験が豊富なので、信用を裏切られた挙げ句にお金も失うというダブルパンチを浴び続けたことから、後で困らないように借用書のような書面を残そうという意識が、昔と比べて強くなっています。

⑭相談はプロに

私は一度、弁護士を相手に辛い思いをした経験がもとで、弁護士を頼らず自力ですべてを乗り切っていた時期があります。

当時は「プロといっても、信用できるかは別問題。そんなことで悩むくらいなら自分ですればいいさ」という鼻っ柱の強い考え方が私を支配していました。

ところが後年、法律のプロを頼らなかったが故に、私は自分の会社を手放すことになりました。その結果、果たして、プロ任せにしないこととプロに判断を仰ぐこと、一体どちらが正しいのか……こんな悩みを抱えてしまったのです。

最終的に、「餅は餅屋」という考え方に切り替えました。なぜかというと、門外漢が片手間に勉強をしてマスターできるほど、プロの仕事は甘くないからです。

これは法律＝弁護士に限らず、どんなジャンルでもいえます。例えば、私が映画好きだからといって、いくら数多くの映画を観賞しても、映画評論家の眼力には死ぬまで太刀打ちできないと思います。また、料理好きだからグルメだからといって、その人が飲食店を切り盛りできるかは別問題です。

私は社長をしていた関係もあって、いろいろな業界に知人がいます。そこで、自分ではわからないことや知りたいことができたら、それらの伝手《つて》をたどってその道の専門家に話を聞くようにしています。

プロは専門知識を駆使して、冷静で客観的なアドバイスをしてくれる存在です。それを身近な人に相談したところで、解決の糸口が見えないどころか、「わかるよ〜」という曖昧な返事しかもらえないケースが大半だと思います。場合によっては、余計に頭の中が混乱することだってあります。

みなさんも身に覚えがありませんか？　友人に軽く愚痴を聞いてもらうノリで相談し

て、余計に出口がわからなくなったこと。逆に、相談を受けて、よくわからないから深く考えずに相槌《あいづち》を打ってしまったこと。真剣に問題の出口を探そうとした場合、これらは単なる時間の無駄でしかありません。

専門家ではなくても、そうした勉強をしている人、あるいは似たような経験を持つ人など、そうした人を頼るほうがはるかに有意義です。

⑮日常の中で季節を感じるようにしよう

私が長年、飲食業に携わってきたからではありませんが、食卓にはなるべく季節を感じるものを並べるようにしています。

初ガツオ、スイカ、栗……。聞いただけで季節の風景を思い描くことができるような食材はたくさんありますが、そうした旬のものを並べるのです。

そうすると「今年もまた春がきた」などの感慨が芽生えて、自分が生きている喜びも感じられるのです。

季節を感じると、何だか生きる気力がもらえる。不思議ですが本当です。だから私は、ドライブに行くとしても、桜の季節なら桜が満開の場所を目指して、冬なら一面が銀世界の雪が積もった景色を見るため北国へ、というように、丸ごと季節感たっぷり、というような場所を選んでいます。

季節を感じるといえば、イベントもそうです。私はイベントには熱心です。正月や節分、クリスマス、ハロウィン……。さまざまな年中行事の多くは、家族みんなで笑いながら季節を感じることができる最高のチャンスです。

季節の行事といえば、私は墓参りも大切にしています。お盆やお彼岸など、季節を感じることができるのも理由の一つですが、何より今の自分があるのは両親や祖先のおかげです。そういう感謝の気持ちを、常に新たに持っていたいからです。

⑯落ち込んだときこそ「元気」印の友人と会う

私自身が「元気のかたまり」のような人間ですが、それでも落ち込んだり悩んだりすることはあります。そういうときに私は、「元気」な友人と時を過ごすようにしています。

この「元気」には2通りの意味があります。一つは文字通り、健康で今を笑って過ごしている人。もう一つは、金銭的に「元気」な人です。

精神的に参ったり、仕事で失敗したときは、これらの「元気さん」と会えば、クヨクヨしている自分が何だかバカバカしく、ちっぽけに思えてきます。悪いことはサッパリ忘れちゃおう、という前向きな精神が取り戻せて、立ち直るキッカケを与えてもらえます。

笑顔でいられる人は、笑顔でいられる理由があるからそういう表情になるのです。少なくとも失敗や挫折をした直後ではありません。だから「元気」印の笑顔を見せてもらうというのは、広い意味での成功を見せてもらっていることになります。それを見て羨《うらや》ましく思ってもいいのです。他人の成功を見て「自分に何が足りなかったのか」を再考するいい機会も得られますし、そう思ったら「次は自分が」という気になりやすいのです。

私の場合は、常に「元気さん」と会うように心がけています。明るい人の周囲には自然と明るい人が集まるものですし、お互いにエネルギーを与え合ったりする有益な関係を築きやすいからです。だから、私が出席する酒席は、まず全部といっていいほど、参加者の大笑いする声が響くところとなります。「元気さん」だらけの場所で酌み交わす酒は、そうでない場合と比べて何十倍も美味しく感じます。

⑰貸した金はあげたと思え

私は、一時的に用立てたお金が返ってこないという悔しい思いを何度も経験してきましたが、こういうお金にまつわるトラブルは、確実に2人の間の人間関係をおかしなものにしてしまいます。

もし、自分が貸し手になる場合は、世間では昔からよくいわれていることですが、

「貸した金はあげたと思え」

です。返ってくることを期待していなければ、煩わしく気を揉む必要もありませんし、いざ返ってきたときには、信用を裏切られなかったという思いで喜びもひとしおです。

⑱身近なところで夢を体感してみよう

私は夢多き人間で、夢の整理にもひと苦労するほどですが、本書執筆時点の私にとって、どうしても実現させたい大きな夢の一つが「もう一度マイホームを手にする」ことです。

その夢を私は、いとも簡単な方法で疑似体験して、夢実現のためのモチベーションアップ

につなげています。

それはモデルルーム行脚《あんぎゃ》です。もはや趣味といってもいいほど、私はモデルルームを見学して回っています。

どこかで自分の考えに合う物件があると聞けば、すぐに出かけます。見に行くだけで買う気などサラサラないのですが、買いたいという気持ちだけは購入希望者以上かもしれません。そうしてモデルルームに入ると、この窓からこんな景色を見ながら夕食を食べられるとか、ここにはこんな家具を置こうとか、実際に住んでいる自分の姿を想像します。

妄想が暴走している状態ですが、これが思いのほか、楽しいのです。シミュレーションをして自分で楽しむのは勝手ですし、悪いことではありません。

シミュレーションするから夢が現実のものとしてグッと自分に近づいてくれますし、具体的なビジョンが頭に浮かぶから、「実現できるかも」という気持ちが強まり、そこから進んで「実現できる」「実現させる」という意欲を掻き立ててくれることにもなります。

行く前には「いつか住んでみたい」「いつか買いたい」だった気持ちが、モデルルームを出るときには「いつか住んでやる」「いつか買えるはずだ」というように変化するのですから不思議なものです。

このように鼻息の荒い精神状態になると、計画を立てるのも前向きになります。「住むためにどうすればいいのか」「買うために必要なことは何か」といった設計図が、出かける前より明確に作れるのです。それどころか、「あの家では少し手狭かな」とか、「あの庭はこういう木を植えないとイマイチだな」など、夢自体がひと回り大きく育ってしまうことも少なくありません。私は、この育った夢に対応する物件探しを楽しみに、そしてまた、気になるモデルルームに出合って新しい構想を練るという繰り返しを続けています。

例えば、みなさんの手に入れたいものが高級スポーツカーなら、ディーラーに出かけてシートに座ってみるだけでもいいのです。シートに座っている自分を想像するだけより、夢がグッと現実味を帯びてくるはずです。

大金持ちになりたいのなら、そうなったときに何を買いたいのかを考えて、売り場で現物を見る。自分の家にそれがあることをイメージする。通帳に鉛筆でゼロをたくさん書き込んでみてもいいでしょう。

社長になりたいなら、どこかの大企業の本社ビルを見に行って、自分のビルになったときを想像してもいいのです。

とにかく、目に見えるかたちで夢を疑似体験するのです。これは、イメージトレーニングと同じメンタルコントロール術です。

こんなことをするのは虚しいですか？

でも、夢を考えるときに虚しいと思っているようでは、夢の実現はまだまだ先になります。大いに「夢想人間」になって、現実世界にある夢の中で楽しんでください。私はそうして一つずつ、夢を叶えてきたのです。

⑲自分の短所を見ないで、長所を探し伸ばそう

自分の短所を直そうと努力してもなかなか直らないものです。それは短所かもしれませんが、個性であるともいえます。人それぞれ生まれや育ちが違うように個性も違います。もしそれを短所だと思っていたら、そんなことは気にしないでください。できないことや嫌なことを直すのは大変ですし、楽しくありません。それよりも、自分で多少の自信があったり、得意なことを見つけ、それを伸ばしてください。そうするといつの間にか、短所の部分が気にならなくなります。短所も生まれ持った個性だと思って諦めたほうがいいと思います。今のありのままの自分を信じましょう。

⑳手帳を活用して手を動かす

夢を追って実現のための計画を立てられるようになったら、手帳を活用することをお勧めします。

使うのは電子手帳などではなく、あくまでもペンで自ら書き込む昔ながらの手帳です。なぜ、手書きの手帳なのか。それは五感の活用をしたいからです。

本を読むとき、声を出して音読したほうが内容が頭に入る、ということを聞いたことはありませんか？

これは目（視覚）だけで活字を追うより、口（発声）も一緒に使ったほうが情報を認識する力が倍に増えて、覚える力が強まる、という仕組みです。同様に、本を読むだけではなく書き写せば、さらに効果は高まります。このように、持てる五感の使う数を増やすほど、人は物を覚えたりする力を強化できるのです。もし、匂いや味までついている本ができたら、嗅覚も味覚も使うことになり、五感のフル活用となって、さらに効果が上がると思います。

蛇足ですが、風邪をひいたりして鼻が詰まっていると、食事が味気なく感じるのも同じ仕組みです。嗅覚が遮断されてしまい、食べ物に関する情報が減った結果なのです。自分の手で自分の夢を書く。そうすると、夢に対する自分の思いもまた、頭の中で思っているだけの状態よりは強くなります。書いたことをもう一度目で確認すれば、さらに思いを強くできます。書いた後に一度、声を出して読んでみるのもいいでしょう。

私は、新しい夢を思いついたその場で手帳に書き足します。その時点で実現がほとんど不可能なものでも、気にせず書きます。手帳に夢を書いたその瞬間、その実現に向けて一歩踏み出したと考えていますし、書いたからには何とか実現してみようというやる気も、呼び起こすことができると思っています。

そして後日、手帳に書かれたその夢を見れば、手帳に書いたときの気持ちを思い出すこともできますし、今の自分が夢に向かってどこまで前進できたのかを冷静に分析する気持ちにもなります。何か失敗をして挫《くじ》けそうになったときも、自分で書いた夢を見れば、「こんなところでへこんでいる場合じゃない」と立ち直る気力ももらえます。

これが不思議なことに、パソコンで打ち込んだりした活字では、気持ちがここまで動かないのです。やはり自分の心が込められた自分の字だからこそ、効果があるのだと思います。

私は夢ばかり見ている永遠の少年ですから、夢の数も、失敗の数以上に尋常ではないレベルで数多くあります。だから普通の手帳ではとても書ききれず、自分で紙を継ぎ足して、折りたたみ式の「夢手帳」を自分で作っています。

私のように数多くの夢を持つ必要はありませんが、どうでしょう。手帳のどこかのページを「ゆめも（夢とメモを掛け合わせた言葉です）」として、常日ごろから夢を書いてみるというのは。

これをするだけでも、気分がポジティブになりますし、いざというときに自分を助けてくれる力強い味方になってくれるはずです。

どんなときも人生を楽しく生きるための
「夢の手帳」の作り方

巻末付録

人生の目標を持ち、「今は、その夢に向かう途中」だと考えると、少しの失敗があってもめげなくなります。長いスパンで人生を考えてみましょう。絶対に叶えたい「究極の夢」と、それを叶えるために今、すべきことを自覚すれば、心がぶれなくなります。

1　自分自身の究極の夢を1つ書き出してみましょう

2　その夢を叶えるためにすべきことを考えてみましょう

漠然と未来を予想していませんか？　何事も書き出してみると、発見があるものです。「子供の進学で、お金がかかるなぁ」など……。自分自身と家族のイベントを書き込むことで、具体性を持って、将来を見つめることができるようになります。

3　自分自身の未来年表

	2010	2011	2012	2013
自分				
家族1				
家族2				
家族3				
家族4				

2014

2015

2016

……

人生の目標（やりたいこと）リストを作ってみましょう。コツは、具体的な内容と期日を書き込むことです。失敗して落ち込んでも、「まだまだやらねばならないことがある！」と気づくことで、くよくよする時間を浪費せずに済みます。

4　人生の目標リスト

	やりたいこと	いつ
1		
2		
3		
4		
5		

15	14	13	12	11	10	9	8	7	6

自分に残された時間について考えたことがありますか？　具体的に、秒数が見えてくると、「こんなことで落ち込んではいられない！」と気づくもの。人生の時間が有限であると知れば、生き方もおのずと変わってきます。

5　人生の時間を計算しよう

あなたは、自分の人生の時間を計算したことがありますか？

あなたは、今何歳ですか？
あなたが今まで生きてきた時間（秒数）がわかりますか？
わかるのであれば、素晴らしいです。
もし、わからないのであれば、今、計算してください！

計算式は
あなたの年齢（年間）×３１５３万６０００（３６５日×24時間×60分×60秒）
＝あなたが今まで生きてきた時間（秒数）

例えば、あなたが30歳だとします。

あなたの今まで生きてきた時間は、

あなたの年齢×３１５３万６０００＝30×３１５３万６０００＝９億４６０８万秒

そして、これから歩むであろう時間は？

日本人の平均寿命は、平成20年度で

男性　79・２９歳　　女性　86・０５歳

だいたい男性で79歳、女性で86歳でしょう。

もし、あなたが男性で30歳だとすると、

79－30＝49年間×３１５３万６０００＝15億４５２６万４０００秒

79－（あなたの年齢）×３１５３万６０００＝　　　　　　　　秒

もし、あなたが女性で30歳だとすると、

86－30＝56年間×３１５３万６０００＝17億６６０１万６０００秒

86－（あなたの年齢）×３１５３万６０００＝　　　　　秒

これが、あなたの人生の長さ（時間）です。

人生の時間が目に見えたことで心が引き締まりましたか？　この瞬間も、1秒1秒、たった今が、過去になっていています。ぐずぐずしてはいられません。

さあ、失敗も成功もたくさん経験する人生へと一歩踏み出しましょう。そこには、あらたな喜びがあなたを待っています！

おわりに

伊豆の小さな田舎町、湯ヶ島の中学校を卒業して40年が過ぎました。
愛媛県最南端の片田舎で生まれ、3歳のときに、火事で家も家業の店舗も失い、鉱山に勤務する父の実家がある伊豆に来ました。その社宅も1959年の狩野川台風で半分流され、私の波乱万丈の人生が始まりました。

労働組合の役員として毎晩、酒びたりで帰る父と、生活費を稼ぐため旅館の仲居として働き、父との喧嘩が絶えなかった母。給食費の支払いが滞り、「忘れた」とウソをつきながら悔しい思いをした小学校時代でした。通学のバス代がなく、走ってバスと競争していたことから、いつの間にか町内一の俊足となり、運動会の主役として人気者になったりもしました。入退院を繰り返していた父のため、中学校を卒業と同時に、給与をもらいながら勉強と野球のできる東電学園に入学し、15歳で将来の仕事を決めることになりました。両親とおばあちゃんの喜ぶ顔が見たくて野球部キャプテン、3年間優等賞、そして卒業時での理事長賞を受け、一生の仕事として東京電力に入社しました。

当事の湯ヶ島は観光が全盛期であり、旅館の経営者は、誇らしそうに「クラウン」に乗っていました。「いつかはクラウン」と多くの人が夢見ていたときも、私は、「一生に一度は車を持てるようになるだろうか」と考えていたほどです。

入社時である1973年と78年のオイルショックがなければ、今でも東電に勤務していたであろうと思います。そして、55歳くらいで退職し、60歳までの子会社勤務を経て、年金生活で人生を終わったことでしょう。

4歳で発病した長男の腎臓病治療のこともあって、独立開業しましたが、自分でも150店舗もの飲食店を開業するような人生を想像したことがありませんでした。同時に、ダイエー子会社を買収することや株式上場を目指すこと、会社を乗っ取られることなど考えたこともありません。会長として第二の人生を目指す50歳代になり、創業会社や家・預貯金、信用まですべてを失うことになることなど誰が想像したでしょう。

いろいろなことが起こった人生で、ターニングポイントになった日があります。創業から9年目、トラブルが頻発していたときのことです。貸したお金、持ち逃げされたお金、そのため撤退した損害など2000万円を超え、どうしてなのかと朝5時から列に並び成田山の占い師に相談もしました。

その先生が私を見たとたん「あなたは、お金で騙されていますねえ」と一言。

次に、「あなたを騙した人々はうまくいっていません。あなたは、騙されることで健康と仕事運を身につけているのですよ」と励まされました。それ以来、どんなに騙されても人を信じ、疑わないよう努力してきました。

友人たちからも「いいかげんにしたら」と注意を幾度となく受けていましたが、「私は、清水次郎長の子分で、義理と人情の男だから、騙されることはあっても騙すような人生だけは送らない」と言い張ってきました。これらは、すべて人間として「徳」を積むことであり、自分の代でなくても子孫の繁栄につながるとの思いで頑張ってきました。

しかし、人生は無情です。どんなによい心がけでやってきても失敗すれば、1人去り、2人去り、自分の周りからは面倒を見てきた人までいなくなってしまいます。反面、幾度となく経験していますが、よくなると甘い蜜を求めて人は集まってきます。

せっかく、ここまでお読みいただいたみなさんに、考えてほしいことがあります。しばらくすると死語になると思いますが、「勝ち組」「負け組」とは何でしょうか。

勝つことがすばらしく、負けることは駄目なのでしょうか。

私は、新入社員の面接でこんな話をしてきました。「ある湖にクルーザーに乗って、シャンパンを飲みながら一人で釣りをしている人がいます。対岸の岸辺では、何組もの家族連れがバーベキューをしながらワイワイガヤガヤ楽しんでいます。さて、あなたは、どちら側の人間になりたいですか?」すると、大半の人が「成功者となりクルーザーに乗りたいです」と答えました。

私も以前は同様で、沼津の大瀬崎で海水浴をしながらクルーザーで遊んでいる人々を羨ましく思ったものです。そして、実際にクルーザーを購入しました。しかし、購入しただけで忙しくて乗っている時間がありませんでした。乗らなくても係留費、メンテナンス費、船検代、保険代、乗れば燃料費がかかり、掃除もしなければなりませんでした。あっ……ある意味でこれも失敗ですね。失敗履歴書に追加を一つ。

釈迦は、「人生は苦である」といい、「四苦八苦」の中の七番目「求不得苦《ぐふとくく》」として、一つかなえば二つ、三つ、四つと欲にはきりがない。いくら求めても得られない苦しみであると言っています。

勝つことと幸せとは別物です。

私は、このような経験を通じ、勝つことも大切ですが、負けることの重要性を意識しています。負けることのほうがいいことだともいえるかもしれません。

なぜなら、負けることで反省し、生き方を含めすべて見直せるからです。そして、人間として成長できるのです。勝っている人は、負けるまで反省する必要がありませんし、見直すチャンスも生まれません。そこには、奢《おご》りや傲慢、わがまま、利己的であり、弱者への思いやりは生まれません。

2008年のリーマンブラザーズの倒産を予想できた人がいたでしょうか。道路交通法改正の飲酒運転罰則強化で、どれだけの郊外店が倒産したでしょうか。狂牛病の発生で何店の焼き肉店が閉鎖され、路頭に迷う経営者をつくったでしょうか。毎年日本で、3万人以上の人々が自殺している現状をどう考えたらいいのか。最近では「無縁死」も毎年3万2000人以上いるとも報道されています。

誰もが夢を持ち、豊かさに憧れていた20世紀が終わり、21世紀をどう生きるのか。いつの時代でも世の中には、自分では解決できないさまざまなことが起こります。そして失敗・挫折を繰り返します。そんなとき、明るく「しかたないこと」として前向きに考え、「もう一度やり直そう」と決意してほしいと思います。

本書は、私のつまらない失敗人生かもしれませんが、今悩んでいる方、自殺まで考えている方、起業しようと燃えている方、リストラされて困っている方、すべての人々のお役に立ちたいとの思いで、あえて失敗を繰り返している私の人生を書かせてもらいました。27歳で家という初めての資産を築き、それから28年間、さまざまな資産と財産を築いてきましたがすべてを失ってわかったことは、本当の財産は家族であり、自由であるということの尊さであるということです。

2009年4月、H&Sの岩谷社長の紹介で、WAVE出版玉越社長にお会いしました。そのとき、「あなたの人生を通じ、社会を、人を元気にするような本を書いてみないか」と誘われました。また同時に、これだけ失敗を繰り返しているのに、どうしていつも元気に明るくいられるのかとも質問されました。「私の明るさは、トイレの水銀灯であり、無駄な明るさです」「元々東電はエネルギーの供給元ですから」と冗談半分に語っています。そして、失敗を見つめながら自分自身を客観視すると、そこには「やり直し人生」が見えてきました。

今回の出版を通じて、自分自身の人生のリセットとし、また家族の大切さをもあらためて知ることが出来ました。玉越社長の熱い応援と、出版という機会を与えていただいたことに心から感謝いたします。

2010年6月吉日　沼津の自宅にて

杉山春樹

杉山 春樹（すぎやま・はるき）

56歳。赤貧の中、東電学園卒業後、東京電力で働きながら、夜間大学卒業。休日を使い、世界17カ国を旅した後、脱サラ。旅館経営・飲食店経営での成功・失敗を繰り返した後、「串特急チェーン」で大成功、ダイエー子会社買収後、売り上げ50億に。しかし、上場準備中に、謀略で破綻。以後も失敗・悲運・騙されオンパレード人生。その結果、豪邸も、ヨットも、車も手放したが、90歳までの再出発と社会貢献に人生の夢をかける希望の日々。現在は、大手飲食店チェーンのプロデュース、経営コンサルティングに東奔西走。超元気な毎日をおくる。

«連絡先»

日本フードプロデュース協会　URL http://j-f-p.jp/

株式会社フード＆サクセス　URL http://www.haruki-s.com

100回失敗、50億失った、バカ社長

2010年6月24日　第1版第1刷発行　　定価（本体1300円＋税）

著者　杉山春樹

発行者　玉越直人

発行所　WAVE出版

〒102-0074
東京都千代田区九段南4-7-10　九段藤山ビル4階
TEL　03-3261-3713　　FAX　03-3261-3823
振替　00100-7-366376
E-mail　info@wave-publishers.co.jp
URL　http://www.wave-publishers.co.jp/

印刷・製本　中央精版印刷

ISBN: 978-4-87290-481-9